中国保险保障基金有限责任公司 编

保险业风险观察

Observation of Insurance Risk

保 CISF

· 风险防控

人民日报出版社
北京

图书在版编目（CIP）数据

保险业风险观察：风险防控 / 中国保险保障基金有限责任公司编 . -- 北京：人民日报出版社 , 2024.5

ISBN 978-7-5115-8278-2

Ⅰ . ①保… Ⅱ . ①中… Ⅲ . ①保险业－风险管理－研究－中国 Ⅳ . ① F842

中国国家版本馆 CIP 数据核字 (2024) 第 086833 号

书　　名：**保险业风险观察：风险防控**
　　　　　 BAOXIANYE FENGXIAN GUANCHA：FENG XIAN FANG KONG
作　　者：中国保险保障基金有限责任公司

出 版 人：刘华新
责任编辑：张炜煜　霍佳仪
封面设计：徐　政

出版发行：人民日报出版社
社　　址：北京金台西路 2 号
邮政编码：100733
发行热线：(010) 65369527　65363531　65369509　65369512
邮购热线：(010) 65369530　65363527
编辑热线：(010) 65369514
网　　址：www.peopledailypress.com
经　　销：新华书店
印　　刷：北京盛通印刷股份有限公司
法律顾问：北京科宇律师事务所　010-83622312

开　　本：787mm ×1092mm　　　1/16
字　　数：130 千字
印　　张：9
版次印次：2024 年 5 月第 1 版　　2024 年 5 月第 1 次印刷

书　　号：ISBN 978-7-5115-8278-2
定　　价：39.00 元

保险业风险观察
Observation of Insurance Risk

主管单位
国家金融监督管理总局

主办单位
中国保险保障基金有限责任公司

编委会
主　任
吉昱华

副主任
张　利　张忠良　周伏平　王　彤

委　员
王国军　王　和　朱铭来　许　闲　孙祁祥　李玉泉　李晓林
何文炯　张　琳　陈秉正　卓　志　徐敬惠　郭金龙　魏　丽
（按照姓氏笔画排序）

编辑部
主　编：**周伏平**
副主编：**王晓蕊**
编　辑：**李红兵　贾　敏**

赠阅范围：监管部门及地方监管局、保险公司及控股股东、高校及研究院所等

Observation
of Insurance
Risk

卷首语

千川汇海阔，风正好扬帆。当前，我国经济高质量发展和中国式现代化深入推进，将为保险行业带来新的发展空间，保险行业处于重要的战略机遇期。防范化解金融风险是金融工作的根本性任务，统筹兼顾稳增长和防风险有利于行业健康平稳运行。保险是重要的风险管理工具，发挥着风险分散和经济损失补偿的作用，重视风险文化建设，做到对风险早识别、早预警、早暴露、早处置，以监管要求为指引，立足长远、标本兼治，以稳妥有效的风险防控守护金融安全。

立足新时代新征程，统筹发展和安全，提高金融风险防控能力，树牢风险防范底线思维，推动保险业高质量发展，更好地发挥保险作为经济减震器和社会稳定器的功能。为进一步探索完善防范化解重大金融风险的实践经验和成熟做法，守住不发生系统性风险的底线，《保险业风险观察》本次围绕风险防控主题，推动生态价值转化，谱写绿色金融篇章；聚焦保险资管产品，提高专业资管能力；探索车险改革创新，助力保险行业转型；汇聚行业专家智慧，促进研究成果转化。

推动生态价值转化，谱写绿色金融篇章。加强生态文明建设，是贯彻新发展理念、推动经济社会高质量发展的必然要求，也是人民群众追求高品质生活的共识和呼声。绿色发展是高质量发展的底色，将绿色发展理念融入各类金融服务，写好绿色金融大文章，是为生态文明建设注入新动力的生动实践。本书"监管之声"部分，国家金融监督管理总局呼伦贝尔监管分局局长卢万美对呼伦贝尔市金融支持绿色发展的情况进行研究，发现其面临信息共享机制不完善、供需关系不平衡、业务发展不均衡等挑战，需要进一步通过完善融资配套服务机制、强化金融业务能力建设、共促生态产品价值转化等措施，健全绿色金融体系。

　　聚焦保险资管产品，提高专业资管能力。近年来，我国资产管理行业在政策机遇下迎来了超百万亿元大资管时代。组合类保险资管产品经过不断探索，也迎来了三方业务的蓬勃发展。全方位提高自身专业化资产管理能力，是保险资管机构推动行业走向高质量发展的重要途径。本书"CRO说"部分，大家资产管理有限责任公司首席风险管理执行官张承刚等分析了组合类保险资管产品三方业务发展情况，发现其存在管理基础薄弱、三方业务管理模式与保险资金固有管理模式不相适应等问题和挑战，并从运用系统手段、风险管控前置、构建组合类产品体系、优化投研体系、细化监管规则等方面提出了合规管理建议。

　　探索车险改革创新，助力保险行业转型。汽车保险分为从人原则和从车原则，近年来，日本的车险改革采用从人原则使交通事故死亡人数逐年下降，为我国车险改革提供了借鉴。本书"前沿研究"部分，银华金商咨询股份有限公司董事长沙银华详细探讨了我国车险市场普遍采用的"从车原则"和邻国日本实施的以"从人原则"为主兼"从车原则"的不同点，分析了该模式在我国的可行性，以期减少交通事故的发生，推动构建交通安全的和谐社会。

　　汇聚行业专家智慧，促进研究成果转化。为进一步培育行业风险文化，推进风险管理与保险问题研究，助力行业加强风险管控，有效防范和化解各类金融风险，我们2024年第二季度重点关注选题包括：绿色保险与高质量发展、多层次多支柱养老保险体系完善和发展研究、科技保险与新质生产力研究、长期护理保险制度建立与完善探索、农业保险服务乡村振兴探析、保险消费者保护路径探析、保险业创新风险减量服务探索、普惠保险体系建设研究。

　　初心如磐，笃行致远。保险保障基金公司始终以实际行动践行保险工作的政治性和人民性，坚守保险为民的初心，立足保险业风险文化建设，结合"五篇大文章"，把服务新质生产力作为关键着力点，持续提升保险保障能力。下好先手棋，防祸于未萌，以时时放心不下的责任感，扎实做好风险防范工作，持续提升治理效能，切实担负起稳发展的重任，笃行不怠，稳中求进，筑牢金融安全防线。

目录
Content

Observation
of Insurance
Risk

目 录

实践探索　Practice Exploration

案例解析　Case Study

燕梳思想会　Insurance Thoughts

Observation
of Insurance
Risk

金融助力呼伦贝尔市生态价值
转化的调查与思考

卢万美

呼伦贝尔作为我国北方重要生态安全屏障和国家重点生态功能区，拥有近 10 万平方公里的天然草场、3 万平方公里的湿地和 13 万平方公里的浩瀚森林，全市生态空间整体物质量和价值量核算总价值达 1.23 亿元／年。充分发挥金融"活水"作用，助推丰富的生态资源实现价值转化，既是呼伦贝尔坚持生态优先、绿色发展导向的必由之路，也是贯彻落实习近平生态文明思想在金融工作中的具体实践。

一、金融支持生态优先、绿色发展的基本情况

近年来，全市金融业积极践行"绿水青山就是金山银山"的发展理念，结合呼伦贝尔市发展战略，持续优化信贷资源配置，促进绿色经济领域贷款余额稳步增长，为绿色发展和转型升级提供了综合性金融服务。截至 2023 年末，全市绿色信贷余额 252.63 亿元，占各项贷款余额的 18.18%，较年初增加 50.83 亿元。农业保险为 2579.95 万亩农田、261.01 万头（只）牲畜、17858.93 万亩森林提供了风险保障。

（一）支持清洁能源产业。全市金融业在支持新能源基地建设上持续发力，主动对接呼伦贝尔大型风光基地、保障性并网风电光伏发电、新

能源发电及配套氢能储能项目。以项目前期贷、项目贷、流贷、经营性固贷等产品为抓手，提供综合金融服务。将国家大型风电光伏基地项目纳入差异化政策清单，压缩贷款审批时间，提升绿色金融服务效率。支持了满洲里深能北方风电场风力发电设施建设和运营、蒙东新能源基地建设、热电联产项目及光伏、风电等新能源开发建设。截至 2023 年末，全市清洁能源产业贷款余额 71.07 亿元，较年初增长 114.23%，有效支持了地方绿色产业发展。

（二）服务文旅产业和生物科技。 辖内金融业依托呼伦贝尔资源禀赋和经济发展特点，支持本地文旅产业和生物科技产业高质量发展。先后为莫尔道嘎国家森林公园基础设施建设、额尔古纳国家湿地公园旅游项目、满洲里口岸套娃景区"冰雪大世界"等项目建设发放贷款 2.1 亿元，为陈巴尔虎旗中国草原产业集聚区 PPP 项目授信 2 亿元，节能减排量达标准煤 681.39 吨，有效满足资源节约集约与旅游产业发展的双重需要。大力支持呼伦贝尔农垦集团运用绿色植保等先进技术，种植 10 余种近 80 万亩特色经济作物和中草药作物。深度参与绿色经济产业链发展，发放 1.31 亿元营运资金贷款，支持企业新建示范性甜菜糖厂，助力打造"甜菜种植—甜菜制糖—酵母生产—牲畜饲料—生物有机肥"完整的绿色循环经济产业链。

（三）支持绿色农畜产品生产。 辖内金融业创新金融产品和服务，积极助力绿色农牧业发展和生态价值实现。2023 年末，全市银行业支持现代农牧业贷款余额达 87.47 亿元，较年初增长 22.23%。为有效支持全国奶业振兴试点阿荣旗地区奶业项目，银行机构开创了以"活体奶牛 + 设施农业"为有效押品的贷款模式，投放项目贷款 5000 万元，解决了企业押品不足、融资难度大的问题。保险机构为全市种植业、养殖业提供风险保障 157.06 亿元，三大粮食作物的保险覆盖率达 95.17%。立足地区实际，保险机构还开办了商业性驯鹿养殖保险、耕地地力指数保险、地方财政马铃薯种薯价格指数保险、地方财政补贴性甜菜期货价格保险、地方财政生鲜乳目标价格指数保险、商业性大豆期货收入保险、食用菌种植保险、菇娘种植保险、肉牛扑杀保险等特色性经济作物险种9个，其中驯鹿养殖保险为全国首例，共覆盖19户农户539头驯鹿、总保额107.8万元，为助力民族产业振兴提供了坚实的风险保障。

（四）助力生态保护修复。广袤的森林既是呼伦贝尔的绿色宝库，也是祖国北方的生态安全屏障。为进一步提高林区生态保护建设水平，全市银行业重点加大森工集团的支持力度，提供多元化的绿色金融增信服务，支持其充分参与碳交易市场，深挖碳金融潜力，推动其实现生态产品价值。截至2023年末，森工集团在4家银行业机构用信余额15.56亿元，建设"绿色碳库"总价值量为1071.75亿元，生态系统每年固定二氧化碳8500万吨。保险机构为全市森林提供风险保障2297.71亿元，保险覆盖率达100%，每年为森林养护、防灾防损投入资金3783.4万元。

二、存在的困难和问题

（一）信息共享机制不完善。一是绿色金融客户难以获取。金融机构掌握的绿色金融项目储备不足，绿色金融客户较少。尤其是中小银行保险机构，现有业务能力无法准确对各类绿色金融业务进行有效识别、跟踪和监测，在贷前调查等阶段信息收集的难度和成本较高，只能依据企业可研数据，一定程度上制约了绿色金融业务的推行和发展。二是环保信息披露不足。各部门环保信息录入的时效性、完整性与充分性不足，环保部门、金融机构、企业之间信息交换不充分，金融机构无法准确作出对某些企业耗能、排污的环保评价，贷前评估、贷后风险管理和风险防范与化解手段较为薄弱。

（二）供需关系不平衡。一是业务拓展需求增加与人才储备不足的矛盾。绿色项目大多专业性强，要求金融从业者具备相应的专业素养和知识储备，但目前多数金融机构绿色金融业务人才储备不足，专业化研究能力薄弱，绿色项目评估技术缺乏，对绿色项目的环保风险无法作出有效判断，一定程度限制了金融产品和服务创新。二是绿色发展多元化与产品单一化的矛盾。目前辖内金融机构提供的绿色金融产品较为单一，绿色金融实践主要以传统绿色信贷为主，更多地通过总量控制、行业限贷等手段，而碳汇金融等新兴产品仍处于探索和起步阶段，无法满足多层次、多类型的市场需求。

（三）业务发展不均衡。一是绿色信贷承贷主体分布不均衡。目前，辖内银行业绿色信贷投放承贷主体多为大型央企、国企，该类企业实力强、资质好，银行多采用信用方式发放贷款。但从长远来看，本地区基于北方重要生态安全屏障和国家重要能源和战略资源基地的重要定位，绿色金融发展需要更加普及和深入。二是开展绿色金融业务的机构类型分布不均衡。目前全市普遍被各银行认可的优质绿色金融项目较少，本地区大型绿色项目融资基本由辖内几家大型商业银行提供。其他民营资本投资的绿色项目总体回报周期长，回报率不确定因素较多，信用风险较难把控，致使中小商业银行在绿色金融发展中处于两难境地。

三、工作建议

（一）打破"信息差"，完善融资配套服务机制。生态产品价值转化涉及多部门，建议由政府部门牵头，建立金融支持生态产品价值实现政策体系。一方面，健全生态产品价值核算体系，完善生态资源的使用权、经营权、收益权等确权登记制度，搭建生态产品监测、收储和交易平台，建立多边、多层级、多种形式的金政企互动平台，各主体及时披露产业政策、信贷政策和项目信息，为金融机构找项目和企业找资金提供便利，为生态产品融资提供配套服务机制。另一方面，加强对金融机构的支持和引导，明确金融支持生态价值转化的重点领域和范围，由政府部门定期发布绿色企业和绿色项目清单，积极有效运用财政资金，完善激励机制和保障措施，引导金融资源向生态领域倾斜。

（二）练好"基本功"，强化金融业务能力建设。一是强化理念渗透。金融机构应将绿色金融纳入战略规划，加强员工对绿色发展理念的认识，对绿色金融相关国家政策、产业政策、行内制度及管理要求等进行培训，引导各层级、各条线开展绿色金融服务。二是实施绿色金融专项人才培训计划。金融机构应逐步加强绿色金融专业人才的引进、培养，提高绿色信贷风险管控能力，同时注意开展与第三方专业技术评估机构的合作，提升技术风险识别能力。三是创新绿色金融产品。金融机构围绕生态资产的所有权、使用权、经营权开展全流程产品创新，开发基于"产权"的抵押贷款产品，加快探索林业碳汇预期收益权质押贷款。在依法合规、风险可控的前提下，针对企业的碳配额、碳交易、碳市场履约、碳资产增值变现等需求，研发对应金融产品，创新"森林险＋碳汇贷"绿色金融新模式，逐步建立"多元化"碳汇金融产品体系，促进呼伦贝尔森林草原湿地生态产品价值实现最大化。四是深化绿色金融服务。充分运用金融机构大数据优势，为林草碳汇投融资相关决策制定、贷款投放以及贷后管理等提供支持。提供碳配额、自愿碳减排交易资金存管与结算、碳资产质押授信等金融服务。拓宽与企业绿色金融合作领域，为拓展林业金融、林下经济等提供综合性金融服务。

（三）铺好"高速路"，共促生态产品价值转化。一是建立健全风险分担机制。由地方政府设立贷款风险补偿基金，深化与担保和保险公司合作，引导保险公司开发生态产品类贷款专属履约保证保险产品，形成"银行＋担保＋保险＋政府"的风险分担机制，破除银行机构"惜贷""惧贷"心理。二是完善生态资产处置机制。构建市、县两级生态资产收储和回收机制，对接生态产品交易平台，打通生态产品归集、流转和交易渠道，有效化解生态产品处置难题，解除金融机构创新抵质押产品的后顾之忧。三是推动发挥保险保障作用。积极运用公共财政资金，与保险公司深化合作，推动发挥保险的经济补偿、资金融通和社会管理功能作用，拓展政策性森林保险业务，提高全市森林保险保障水平，持续增强森林蓄积量和固碳力。探索通过区别设计不同生产方式下农险保费补贴比例和保障水平，激励农民采用环境友好型的农业生产方式。四是发挥监管引领和协会服务作用。加大监管引领力度，深入金融机构和企业实地开展调研督导和座谈交流，搭建银企沟通交流平台。充分发挥行业协会和联合授信机制作用，推动银团贷款投放模式，对投入资金多、银行融资额度大的大型绿色项目，可采取多家银行组成银团贷款的模式，鼓励中小银行参与其中，促进地区绿色生态产品价值转化。

作者系国家金融监督管理总局呼伦贝尔监管分局党委书记、局长

CRO 说
CRO Opinion

Observation
of Insurance
Risk

组合类保险资管产品三方业务发展中的挑战及合规管理建议

张承刚　李欣阳　姜亭

近些年来，随着制度改革浪潮的不断推进，我国资产管理行业在不断释放的政策红利下，迎来了百花齐放、百家争鸣的超百万亿元大资管时代。组合类保险资管产品（以下简称组合类产品）在经历了试点萌芽、整顿探索等阶段的不断摸索，迎来了三方业务的蓬勃发展。与此同时，也暴露出保险资管机构组合类产品管理基础薄弱、存款业务占比过大等问题，亟待行业内共同探讨解决之道。

一、组合类保险资管产品发展阶段概述

第一阶段：试点萌芽期（2010—2015 年）

2010 年 8 月，《保险资金运用管理暂行办法》明确保险资管公司可以设立资产管理产品，开展资产管理业务，确定了组合类产品业务的政策基础。2013 年 2 月，原保监会发布《关于保险资产管理公司开展资产管理产品业务试点有关问题的通知》，允许保险资产管理公司发行"一对多"定向产品和集合产品。该试点文件为保险资管产品的创新提供了空间，但由于未明确将底层投资范围限制在险资可投范围内，出现了投资品种超出险资投资范围的情况，同时出现了一些"资金池"性质的产品、

通道类的业务，与监管试点的初衷背道而驰。

第二阶段：整顿探索期（2016—2019 年）

针对前一阶段产品发行中存在的问题，原保监会于 2016 年先后发布《关于清理规范保险资产管理公司通道类业务有关事项的通知》《关于加强组合类保险资产管理产品业务监管的通知》，要求各保险资管公司清理规范通道类业务，并明确保险资金持有的产品，应当遵循保险资金运用相关规定，以查促改，双管齐下，规范组合类产品业务。

随后，中国人民银行、原中国银行保险监督管理委员会、中国证券监督管理委员会、国家外汇管理局等四部门于 2018 年联合发布了资管新规，对"消通道"、"去嵌套"、规范资金池等限制性规定作了进一步明确，并统一了同类资管产品监管标准，明确保险资管产品可以同其他资管产品公平开展业务竞争，为组合类产品参与市场竞争创造了有利条件。

第三阶段：规范发展期（2020 年至今）

原银保监会于 2020 年发布《保险资产管理产品管理暂行办法》及《关于印发组合类保险资产管理产品实施细则等三个文件的通知》（以下简称《暂行办法》及其配套细则），在进一步规范组合类产品的同时，也给组合类产品的发展带来了政策红利。

一是增加了符合条件的自然人可以作为保险资管产品的合格投资者，给保险资管行业带来了新的业务增长点。

二是细化和拓展了组合类产品投资范围，一方面，非保险资金投资的组合类产品投资范围可依据产品合同约定，有利于拓宽组合类产品的资金来源；另一方面，投资范围相比以前也有所拓展，未来的产品设计模式以及策略也将更加多元和丰富。

三是保险资产管理机构可以自行销售保险资管产品，也可以委托销售，标志着保险资管产品正式列入大资管时代的金融产品序列，可通过代销获得更丰富的投资者类型。

从组合类产品的发展现状来看，2019 年至 2021 年，组合类产品的存续规模从 1.35 万亿元增至超 4 万亿元[1]，截至 2022 年末组合类产品存续规模同比增长 43.29%[2]，延续了快速增长态势。

而组合类产品规模的持续增长主要来源于三方资金，尤以银行自营和银行理财资金为主，其次为保险资金。根据中国保险资产管理业协会发布的《中国保险资产管理业发展报告（2023）》，截至 2022 年末，保险资管公司管理的各类资产中，以银行资金增速最快，达 77.75%；其次是第三方保险资金增速，为 13.33%。

从资产端来看，组合类产品底层资产呈现以固定收益类资产为主、存款占比较高的特点，根据截至 2020 年末的资产组成，组合类产品投资存款的比例接近 50%[3]。

二、组合类保险资管产品三方业务发展中的问题与挑战

《暂行办法》及其配套细则的发布为组合类产品三方业务发展带来了新的机遇，在其发布至今的三年多时间中，组合类产品三方业务规模连年增长，构成支撑组合类产品规模的主力军。但在此过程中，也暴露出目前组合类产品管理基础薄弱、三方业务管理模式与保险资金固有管理模式不相适应等问题和挑战，成为蒸蒸日上的三方业务发展序曲中些许不和谐的音符。

---

1. 数据来源：保险资产管理业协会。

2. 同上。

3. 同上。

（一）险资投资体系无法与业外三方资金的投资要求相匹配

《暂行办法》及其配套细则明确非保险资金投资的组合类产品，投资范围不再需要遵循保险资金运用相关规定，从而拓宽了组合类产品的资金来源，但保险资金与银行理财等非保险资金的投资范围存在较大差异，其中最显著的不同在于保险资金不可投资私募债、非公开定向债务融资工具等非公开发行信用债，且对于公开发行债券亦根据各公司偿付能力充足率有不同的评级要求，而银行理财资金的投资范围则囊括了市场上几乎全部信用债。因此，对于保险资管公司来说，原来投资交易系统中为保险资金设置的一整套投资监督体系已不再适应非保险资金的投资需求。

同时，在利率中枢下行和经济结构转型的大背景下，部分行业和区域信用风险高企，客户在定制产品时多会考虑增加相应的集中度要求以控制风险，比如，按行业、区域以及发行主体评级明确不同的集中度比例，限制房产、城投企业的投资额度等。不同背景的投资者对投资比例和投资限制的要求都不相同，产品比例和投资限制的条款设置向着个性化、精细化的方向发展。

无论是投资范围的扩大还是投资限制的精细化发展，对管理人来说都意味着管理成本的增加和难度的加大，不仅投资经理需要花费更多的精力寻找和研究投资标的，对于投资监督岗位来说，也需要研究如何能将各个合同中不同的投资范围、投资比例和投资限制条款通过系统做到实时监控。

（二）摊余成本法估值特征无法与投资限制的多样化相匹配

为规避市场利率波动的影响，满足投资者对稳健收益的需求，近两年，保险资管公司推出了摊余成本法估值的封闭式组合类产品，但由于摊余成本法无法反映基础资产真实的风险状况，从监管角度，对采用摊余成本法估值的资管产品提出了一系列限制条件。根据资管新规，可采用摊余成本法计量的资管产品应具备两个条件：一是封闭式产品；二是以收取合同现金流量为目的并持有到期，或者所投资产无活跃市场或估值不可靠。

在实操中，出于控制风险的需要，三方客户在定制产品时一般要求增加投资集中度比例等限制条款。对于采用摊余成本法估值的组合类产品，在产品运作过程中，若因市场波动、产品规模变化等原因导致出现实际比例超出合同条款的情况，管理人员将面临是否调整持仓的艰难抉择。

会计准则对摊余成本法估值的产品在存续期内处置资产给出了一定空间，在被投资产主体信用状况严重恶化、法律法规调整可投范围、接近到期日等特殊情况下可以处置资产而不需进行重分类，但如果不属于特殊情况，则需要从处置金额占比、处置频率及对经营的影响程度等角度综合评估。为此，公司一般需要建立一套内部决策流程，确保资产处置有理有据，以符合会计准则和资管新规的要求，但也增加了公司的管理成本。

（三）产品管理规范程度无法与业务的快速发展相适应

近三年，组合类产品在规模较快增长的同时，数量也在持续攀升，根据中保保险资产登记交易系统有限公司公布的组合类产品发行前登记信息，2021 年新登记组合类产品 686 只，2022 年新登记组合类产品 699 只，2023 年达到 969 只[4]，平均年化增长率达 20%。

然而，保险资管公司组合类产品管理的精细化程度却没有与产品数量的增长保持同步，主要体现在两个方面：一是产品开发和销售主要以"量身定制"为主，产品线设计的系统性和前瞻性稍显欠缺；二是产品全生命周期的流程化管理水平仍有待提升，由于产品管理涉及从前期产品方

---

4. 数据来源：中保保险资产登记交易系统有限公司。

案设计、决策、成立到后期产品变更、清算的多个节点，如果没有完善的产品管理流程做保障，在产品数量越来越多时，极易发生信息披露不及时、信息报送不准确等问题，不仅使管理人面临合同违约风险，还可能对管理人声誉产生不利影响。

（四）产品定制需求与组合类产品规范化要求之间的矛盾

资管新规要求，对资产管理业务的监管要按照产品类型而不是机构类型实施功能监管，同一类型的资产管理产品应适用同一监管标准，减少监管真空和套利。《暂行办法》及其配套细则在制定时即遵循这一原则，《组合类保险资产管理产品实施细则》中多次提到参照理财产品的相关制度执行，但由于保险资管产品起步较晚，《暂行办法》及其配套细则在组合类产品的细节规范方面存在空白，也因此出现了诸如建仓期期限不固定、封闭式产品可强制赎回、采用"已知价"确定申购赎回份额净值等"创新"设计。

实际上，公募基金、券商资管等同业监管规则对相关内容已有明确规范，各保险资管公司在设计组合类产品时应参照执行，并不可为满足委托人的需求而试图制度套利。中保保险资产登记交易系统有限公司也已通过发布组合类产品登记问答、组织培训等形式，对组合类产品登记中的不规范情形进行了补充明确，起到了提高审核效率、完善监管规则的作用。

三、对发展组合类产品三方业务的合规管理建议

党的二十大开启了全面建设社会主义现代化国家的新征程，要求资管行业在党的领导下，立足政治性和人民性，坚持走高质量发展道路，

做到服务实体经济、增加居民财产性收入、强化金融安全的有机统一。2023 年中央经济工作会议强调："必须坚持高质量发展和高水平安全良性互动,以高质量发展促进高水平安全,以高水平安全保障高质量发展,发展和安全要动态平衡、相得益彰。"高质量发展离不开对底线的坚守,国家金融监管总局成立以来,多次召集部分保险资管公司强调监管导向、通报违规案例,正体现了监管机构正本清源、维护金融行业高质量发展的决心。

(一)充分运用系统手段,提高数字合规水平

保险资管行业快速发展和业务规模的增长使得传统的人工审核和管理模式难以满足业务需求,尤其是三方组合类产品投资范围的扩大、投资比例和投资限制的复杂度加深,已无法采用人工方式实现对投资范围、投资比例和投资限制的实时监测和快速反应,数字化建设日益成为资管机构角逐大资管时代的重要抓手,而数字合规是其中重要的一部分。

通过在投资交易信息系统中设定预警指标和监控规则,实现系统自动检查投资指令的合规性,对交易行为进行实时监测,并触发预警机制,通知合规人员采取进一步的调查和风险控制措施。在此基础上,借助数据分析平台,运用大数据分析、机器学习等技术,将合规规则、监控逻辑内嵌于系统中,实现常规业务的自动审核以及监控指标的系统计算,在达到阈值时自动触发提醒发送至相应投资经理,形成贯穿资管全业务链的一体化合规平台,推动合规审核效率进一步提升,为业务发展高效赋能。

(二)风险管控前置,提升产品发行质量

组合类产品全流程管理是一个涉及外部客户与公司内部前、中、后台各条线的系统性工作,尤其对于监管规则和会计准则要求较为复杂的

摊余成本法估值产品，估值方法使用不恰当很有可能给管理人带来合规性风险，甚至衍生出声誉风险。因此，管理人应从内外两方面着手改善产品审核的效率效果，将风险管控前置到产品审核阶段，减少产品运营过程中的不确定性。

产品经理作为连接外部投资者与管理人的桥梁，应充分了解投资者的需求，并向投资者阐明摊余成本法估值产品的特性，引导投资者减少摊余成本法估值产品在投资比例和投资限制方面的要求，以免令自身陷入两难境地。对于投资者在控制风险方面的需求，比如对投资集中度的限制，可设置为通过投资成本进行集中度管控来避免过程中的调仓。

从管理人内部来说，参与产品审核和发行的相关部门应加强协作和信息共享，共同在产品审核阶段对产品发行和运作过程中的风险提前进行识别、评估和应对，并逐渐在内部形成产品审核的标准化文件，达到降低产品运营风险、提高审核效率的目的。

（三）构建组合类产品体系，完善产品管理机制

组合类产品属于私募产品，面向的是保险公司、商业银行等专业机构投资者，最常见的产品销售形式是一对一的量身定制。组合类产品始于量身定制，但不能终于量身定制，只有集中有限资源打造自身在某一方面的能力特色，推出充分体现该特色的产品，占领细分市场，才能在激烈的市场竞争中立于不败之地。因此，保险资管公司应结合公司优势设计科学、高效的产品体系，以客户需求为导向，持续推进产品迭代升级，从挖掘、跟从客户需求转变为引领、创造客户需求，真正做到能力与产品相适应、产品与需求相匹配。

建立完善的产品管理机制，不仅需要制定涵盖产品全生命周期的管理制度，更要建立相应机制保障制度的落地执行，如关键环节交叉复核、定期自我检视等，或者采用系统化管理手段，实现对产品发行各环节的

自动提醒，那么即使一个产品经理管理上百只产品，也能通过系统可视化界面对每个产品所处的生命阶段一目了然，达到降本增效的双重目标。

（四）优化投研体系，打造管理人核心竞争力

大资管时代，金融机构的产品竞争日益激烈，除公募、私募、券商外，信托机构也已着手标准化产品转型。投资能力的强弱决定资管产品的业务边界，也决定了组合类产品三方业务能走多远。可以说，投研能力是组合类产品最核心的竞争力。因此，各保险资管机构还需苦练内功，不断优化投研方法论，尤其是在权益类投资和金融衍生品投资方面，形成具备公司特色的投研体系，在对客户投资偏好有了一定积累的基础上，对投研体系和投资策略进行创新迭代，塑造差异化核心竞争力。与此同时，充分发挥保险资管机构在资产配置方面的优势，扬长补短，通过自身硬实力在大资管时代赢得三方客户青睐，构筑在三方客户资源方面的先发优势。

（五）细化组合类产品监管规则，筑牢三方业务发展基石

支持发展与强化监管是促进保险资管行业健康规范发展不可或缺的两个方面。为统一行业标准，减少沟通成本，提高产品审核效率，监管机构可进一步细化组合产品监管要求，参考银行理财、券商资管等同业规则，明确组合类产品在募集、建仓、申赎等方面的具体要求。另外，随着组合类产品三方客户来源日益多样化，未来组合类产品面临的流动性风险也将增加，监管机构可适时发布流动性风险管理要求，推动保险资管机构不断提升合规风控水平和专业管理能力。

保险资管行业相关自律组织也将继续发挥行业自律管理的积极作用，引导组合类产品三方业务完成从以存款为主向以债券、股票为主的转型，充分发挥其服务实体经济的作用，推动保险资管行业走向高质量

发展之路。

在百舸争流的大资管时代，全方位提高自身专业化资产管理能力已成为保险资管机构三方业务发展的必由之路。保险资管机构应从投研能力、产品研发和管理能力、数字化管理能力三方面不断打磨，迈向组合类产品三方业务高质量发展的新阶段。

作者张承刚系大家资产管理有限责任公司总经理助理兼合规负责人、首席风险管理执行官

作者李欣阳系大家资产管理有限责任公司法律合规部/监察部总经理

作者姜亭系大家资产管理有限责任公司法律合规部/监察部合规经理

参考文献：

1. 曹德云："我国保险资产管理产品的改革与发展"，《银行家》，2020年第6期。

2. 刘凡等："新时代加快发展保险资管产品的思考与建议"，《中国保险资产管理》，2022年第3期。

3. 殷春平："立足保险行业 发展第三方资管义务——组合类保险资管产品发展面临的问题与应对思路"，《中国保险资管》，2019年。

4. 吴杰："资管新规对保险资管公司的影响浅析"，《中国保险》，2018年第5期。

5. 王飞："保险资管如何'牵手'银行理财子公司？"，《金融市场研究》，2020年第3期。

6. 殷春平："资管新规对保险资管影响及第三方业务发展路径思考"，《中国保险资产管理》，2018年第4期。

7. 刘开俊："资管新规下的保险资产管理——挑战、机遇与应对"，《中国保险资产管理》，2018年第1期。

8.张方波："资管新规背景下保险资管行业的发展机遇与理性转型"，《南方金融》，2019 年第 3 期。

9.冶小杰："我国保险资管公司第三方业务发展路径研究"，《兰州大学硕士学位论文》，2020 年第 1 期。

前沿研究
Advanced Research

Observation
of Insurance
Risk

探索车险改革创新之路，
发挥保险减少恶性交通事故的功能

沙银华[1]

　　我国某财险公司的商业机动车保险规定，只要被保险人允许，只要驾驶证齐全，任何人都可以驾驶被保险人车辆，而发生保险事故，只要不属于免除保险人责任的范围，保险公司就负责赔偿[2]。被保险人允许的驾驶人员实际上等同于该保险"被保险人"的一员，但是，被保险人在保险合同有效期间允许多少人？允许谁？被允许的人是否有违反道交法、是否有经常驾驶车辆肇事前科等？这些风险是否计算在保险公司在设计产品时所预测的风险发生率之内？被保险车辆在其保险合同有效期间，到底有多少人将会驾驶，被保险人本人也无法预知，就是上述保险公司也不清楚将来会有多少风险发生，因为，该款商业机动车保险设计的基础采用的是"从车原则"，也就是说，保险产品的风险不是根据驾驶人员的风险发生率（从人原则）来预测的，而是根据被保险车辆的风险预测，并计算保费的。

　　本文将详细探讨我国车险市场普遍采用的"从车原则"和邻国日本实施的以"从人原则"为主兼"从车原则"的不同点，探索我国商业车险改变"从车原则"，采用"从人原则"兼"从车原则"模式的可能性，

---

1. 沙银华历任日本生命保险基础研究所主任研究员，东京海上日动火灾保险（中国）有限公司副总经理，中国太平保险服务（日本）有限公司总经理、董事。

2. 信息源于某财产保险公司《机动车商业保险条款（2020 版）》第 20 条。

推出让消费者自己选择"限谁可以驾驶",除此之外都不可以驾驶车辆的车险产品,从而达到投保人、保险公司双方得益和交通事故大幅度减少的三赢局面,充分发挥保险减少恶性交通事故的功能。

一、背景

(一)日本交通事故死亡人数逐年下降,车险改革创新功不可没

交通事故猛于虎,20 世纪 60 年代末到 70 年代初,日本交通事故死亡人数逐年攀升,1970 年达到日本历史峰值,当年的死亡人数高达 16765 人。

日本车险行业意识到车险需要改革,改革后有可能会减少恶性交通事故的发生率,从而减少因恶性交通事故而死亡的人数,经过几轮的改革创新,比较重要的有以下两轮。

从 70 年代开始,日本车险开始进入第一轮改革创新,保险公司推出以家族为中心的保险模式,即"限家人驾驶",这轮改革创新的成果持续了近 50 年。

第二轮改革创新在 2017 年下半年开始启动,2018 年日本财险公司开始对"限家人驾驶"模式更新换代,"限夫妇驾驶""限本人驾驶"模式登场。

如图 1 所示,可以推测上述两轮车险改革创新对减少交通事故死亡人数起到了一定作用。

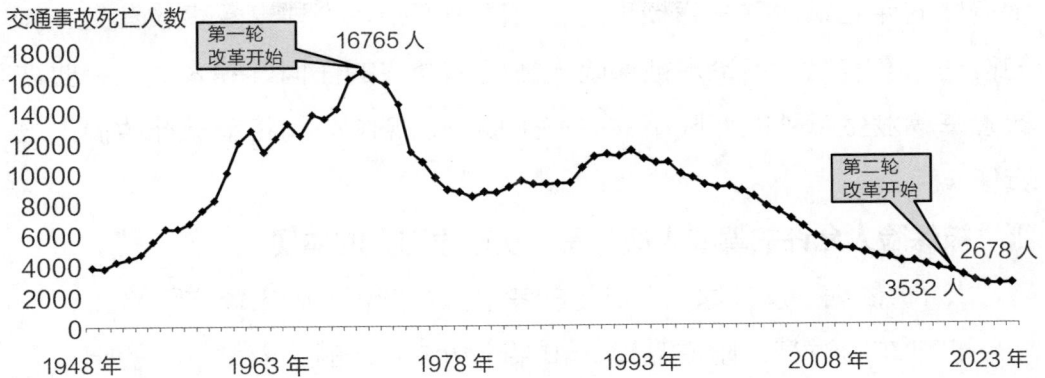

图 1　日本车险改革与交通事故死亡人数关联图（1948—2023 年）

数据来源：日本警察厅网站

　　探寻日本交通事故死亡率逐年下降的原因，可以发现其有各种原因，但是，我们不难观察到，日本车险的改革创新为抑制恶性交通事故的死亡率起到了一定的作用。

　　上述车险改革创新所能起到的作用，值得我们仔细观察，并解析其改革创新的内容，探索其能否给我国车险改革创新带来新的思路。

（二）"被保险人允许的驾驶人员"规定是否符合市场原理

1. "被保险人允许的驾驶人员"规定的内容

　　国内某财产保险公司的《机动车商业保险条款（2020 版）》第 20 条规定，"保险期间内，被保险人或其允许的驾驶人在使用被保险机动车过程中发生意外事故，致使第三者遭受人身伤亡或财产直接损毁，依法应当对第三者承担的损害赔偿责任，且不属于免除保险人责任的范围，保险人依照本保险合同的约定，对于超过机动车交通事故责任强制保险各分项赔偿限额的部分负责赔偿"。

　　上述规定表明：得到被保险人允许的驾驶人员驾驶被保险车辆，发生意外的保险事故并产生损失时，可同被保险人一样享受事故发生主体的待遇。换言之，不论是被保险人还是其允许的任何驾驶人员，只要被保险车辆发生意外的保险事故并产生损失，保险公司将承担补偿损失之责任。

2."被保险人允许的驾驶人员"是"从车原则"的体现

（1）依据"从车原则"制定的考量指标能否反映市场实际情况

机动车险进行保险产品设计和保险费率厘定时，遵循以人的因素为中心的"从人原则"（亦有称"随人因素"），还是遵循以车为中心的"从车原则"（亦有称"随车因素"），到底哪一个更符合车险消费者的实际需求？

本文开头所列举的某商业车险产品，是以车为中心设计保险产品并厘定费率的，采用的是"从车原则"，是目前国内车险市场的主流。其核心内容是：保险产品的设计、车险费率的厘定，是根据投保车辆的情况进行，很少考虑或基本不考虑驾驶人员的因素。例如，如果投保车辆曾经出过险，那么，第二年续保时，保费将提高若干百分点，而不考量驾驶车辆的人员出险情况。即便驾驶人员曾经驾驶其他车辆出险[3]，也不用担心自己的被保险车辆费率会提高。"被保险人允许的驾驶人员"的规定体现了我国商业车险的"从车原则"。

由于"被保险人允许的驾驶人员"的规定，主要是以记录在被保险车辆上的行驶安全、被罚等记录为主进行考量，而非对驾驶被保险车辆的驾驶人员的驾驶记录等因素进行考量，实际上，保险公司并无考量被允许驾驶人员记录的可能，因为，连被保险人自己都不知道，在车险合同有效期间，将会允许多少驾驶人员来驾驶该车辆，也不知道那些被允

3.驾驶车辆的人员肇事或违反道路交通安全法扣分，只与驾驶证有关。《中华人民共和国道路交通安全法实施条例》第二十三条规定："……对在一个记分周期内记分达到12分的，由公安机关交通管理部门扣留其机动车驾驶证……"

许的人有多少因违反道路交通安全法被处罚以及具有交通肇事的前科，只要持有有效的驾驶执照，在被允许的情况下，就能驾驶被保险车辆，至于这样的"被允许"驾驶到底有多大的风险，并不是被保险人或保险公司能掌控的。

（2）机动车责任保险的承保风险过大，无法预测

商业机动车保险承担什么样的风险、承担多少保险责任，是通过预测风险发生率来确定的。如果某种风险发生率无法预测，那么，该产品将面临无法预估风险，很有可能该产品的经营会陷入收支失衡的困境。

将保险风险承担的范围扩大到"被保险人允许的驾驶人"，如果进行极端性推论，"只要拥有驾驶执照，均有可能获得被保险人的允许"，这种以"从车原则"为基础构建起来的车险模式，保险公司面临的是：承保的风险无限放大。

如上所述，这种将"被保险人允许的驾驶人"作为承保范围的"从车原则"模式，与保险经营以大数法则为基础，进行风险发生率预测，并以此为依据进行费率厘定的保险经营原理不相吻合。

二、商业车险应以"从车原则"还是以"从人原则"为经营基础

（一）预测驾驶人员的"风险发生率"是车险经营的基础

在机动车驾驶还没有实现全自动化之前，机动车还是需要靠人来驾驶的。

与人驾驶无关，因车辆设计或生产质量上存在的缺陷，如刹车装置因设计缺陷失灵或突发车辆故障等原因造成的交通事故，随着现代机动车工业的发展，这些因素，已经不再是交通事故频发的主因。

由于方向盘掌握在驾驶员手中，大多数的交通事故与驾驶人员的故意或操作失误有关。而驾驶人员的年龄、驾驶心态、驾驶技术、遵守交通法规的自觉性以及交通安全意识等，与交通事故的容易发生、不发生或少发生有着密切的关联性。

虽然每一位驾驶员的潜在风险发生率各不相同，但车险经营的基础是建立在大数法则之上的，因此要求参加该车险的被保险人，其风险程度应基本相同，在承担风险的比例上也要求是均等的，这样才能预测并计算出该种被保险人群的风险发生率。若风险发生率高于预测风险发生率，就不能与大多数被保险人使用同一保险费率，否则是对其他参加该保险的投保方的不公平，高于预测风险发生率的人群需要缴纳比较高的保费才合理。

由于保险公司补偿给被保险人的保险金，源于每位投保人缴纳的保费，因此，凡是参加同一种保险的人，在风险发生率等条件上要求基本相同，才能保证万一风险发生，保险公司能有足够的经济支付能力为被保险人[4]补偿因事故而带来的损失。

（二）科学使用以"从人原则"为主、兼顾"从车原则"的方法

日本采用以"从人原则"为主、兼顾"从车原则"的方法，主要以"从人"为主，兼顾车辆用途、车况等"从车"因素来厘定保险费率。

首先是被保险人的年龄，不同年龄层的人驾驶机动车的风险是不一样的。日本警察厅 2022 年的统计数据表明，被保险人的年龄越小，其驾车的出险率越高，如，16—19 岁、20—24 岁、25—29 岁年龄段人群相比较，前者属于"高风险人群"，后两者是"中风险人群"。30—60 岁

---

4. 中国保险法虽然没有直接规定财产保险中的受益人，根据保险法原理和保险业的惯例，财产保险的"被保险人"就是受益人。德国保险合同法和日本保险法均如此。

年龄段是"低风险人群"[5]。

被保险车辆用途与风险发生率亦有很大关系。比如，一般家庭用车与用于商业运输的车辆相比，前者的风险程度明显低于后者。如将一般家庭用车再细分化：有的用于周末超市购物、节假日郊游或近距离自驾游，有的家庭用车还包含上下班用车，那么，前者的风险程度明显低于后者。

上述种种因素对事故的发生与否起着十分关键的作用，因此，在厘定保险费率时，应根据投保人需求，让投保人自由选择保障内容，量身定做，厘定出最适合投保人的个性化费率。

日本近些年来以"从人原则"为基础的车险改革创新，取得了成果，获得了市场，赢得了消费者的认可，其具体的设计思路可供我国同行参考。

三、日本车险改革创新的思路可供参考

（一）第二轮车险改革创新顺应少子老龄化社会需求，推出"限本人驾驶"等

前述日本车险市场经过比较重要的两轮改革创新，获得了投保人、保险公司得益和交通事故持续减少的三赢。

第一轮车险改革创新在抑制交通事故发生上起到了积极作用，而第二轮车险改革创新则是日本车险行业对少子老龄化社会的一个反馈。在少子老龄化社会中，有车一族人口减少，如果车险漠视其出现的新需求，

---

5. 日本警视厅《2022年交通事故发生状况》报告显示，当年16—19岁（每1万人中）驾驶含摩托车在内的机动车所发生的交通事故件数为1039件，20—24岁为597件，25—29岁为415件，30—69岁在300件左右。数据源于 https://www.insweb.co.jp/car/kisochishiki/jidosha-jiko/nenrei-jikoritsu.html 。

那么车险行业早在几十年前就会出现慢慢走下坡路的趋势。日本车险遵循重视少子老龄化社会的需求变化，不断改革创新，才使得车险行业仍旧占据日本财险保费收入的半壁以上江山，为世人所刮目。

1. 少子老龄化社会环境下，有车族的需求发生变化

以前因机动车还是高级奢侈品，子女成长后，购车的还是少数，需要使用父母的车。现在，日本社会的人口和家庭情况发生了变化，日本社会少子老龄化迅速发展，大多数的日本家族逐渐演变成"核心家庭"（核心家庭是由父母和一名或数名子女构成），当子女成人后，子女亦成为有车一族，不再需要驾驶父母的车。有车族的社会需求发生了变化，也就是"限家人驾驶"模式已经不再适合他们的需求，因为，车险中将子女计算进去的保费，实际上这一部分保费是可以节省的，不然则明显加重了被保险人的经济负担，日本财险公司已经无法漠视这种社会性的需求。

2. "限家人驾驶"更新换代，"限夫妇驾驶""限本人驾驶"模式登场

2018年11月，日本几家大型财险公司同时发布，在2019年1月推出"限夫妇驾驶""限本人驾驶"机动车的商业车险产品。新产品的推出，其实是顺应少子老龄化社会迅速发展的现状，车险合同占九成的日本最大的4家财险公司同时废止持续近50年"限家人驾驶"产品的价格优惠，宣称任意加入的商业车险限定夫妇或本人为被保险人时，可享受7%—8%的保费折扣。各大保险公司逐渐减少"家族型"产品的销售，而是力推"限本人驾驶""限夫妇驾驶"的产品。

（二）第二轮改革对被保险人进行分类限制

第二轮的车险改革创新（不含强制性保险"自赔责"）依然在"从人原则"基础上进行深挖，设计出由投保人自行选择各种限制被保险人范围的附加车险，其对被保险人的年龄和亲属关系进行分类限制。

其一，对被保险人的年龄进行分类，分为不限制年龄和限制年龄。

其二，对投保人的亲属关系进行分类限制。

1. 对被保险人进行不限制年龄和限制年龄的分类

（1）全年龄段保障（不限制年龄）

保险业内称其为"全年龄段"保障，是对年龄不加任何限制，只要符合国家的法定驾驶年龄（18岁以上）[6]，任何年龄段的人都可以成为被保险人。这是商业车险（含商业第三者责任险和车辆险）主险合同中的约定，如果投保人希望其被保险人不受任何限制，只要投保人同意他人驾驶被保险车，该他人则可被列入被保险的对象中，成为商业车险中的被保险人。选择此种方式者，在加入商业车险时不用选择限制被保险人的附加保险，但是，由于这种方式的保费太高，在日本基本上有价无市，除特殊情况外，投保人一般不会选择。

（2）对被保险人年龄加以限制

日本各保险公司的分类方法不尽相同，基本上分为：18岁、21岁、26岁、30岁及35岁以下不担保。若投保人选择26岁及以下不担保，则尽管投保人同意26岁及以下的他人驾驶被保险车辆，但万一发生保险事故，由于26岁及以下不符合保险合同的年龄要件，不属于该车险合同的被保险人，那么商业三责险和车辆险将不予理赔。

投保人可根据自己的实际需求选择最适合自己的限制性附加保险，以此减少保费开支。例如，若选择26岁及以下不担保，其实际负担的保费与不限制年龄（全年龄段担保）相比，则可减少30%～40%左右的保费。若全担保为2000元人民币/年，26岁以下不担保则只需1200～1400元人民币/年。消费者可根据自己需求减少保费开支，得到实惠。

---

6. 日本《道路交通法》规定，18岁以上国民通过考试，可以获得机动车驾驶证。该法没有规定年龄上限。但是，政府提倡，超过70岁的高龄驾驶人员可以将驾驶证返还给交管部门。

2. 对投保人的亲属关系进行分类，限制其能否成为被保险人

（1）分类情况

日本商业车险一般将限制驾驶被保险车辆的被保险人情况分为四类，即不限驾驶员、限家族成员驾驶（家族型）、限投保人本人驾驶（本人型）、限投保人夫妇驾驶（夫妇型）。

表 1　投保人亲属关系限制性分类与保费高低的关系

	亲属关系限制性分类	可驾驶车辆的被保险人
保费高	不限驾驶员	投保人，同居的亲人，别居的亲戚朋友，不论是谁都可以
	限家族成员驾驶（家族型）	投保人，同居的亲人亲戚，别居的未婚子女
保费低	限本人和配偶驾驶（夫妇型）	投保人和配偶
	限本人驾驶（本人型）	投保人本人

出处：https://hoken.kakaku.com/kuruma_hoken/knowledge/tokuyaku/driver.html

（2）"限本人驾驶""限夫妇驾驶"的配套措施

如果选择"限本人驾驶""限夫妇驾驶"保险产品，子女偶然需要驾驶被保险车辆，该如何应对？日本保险公司推出了配套措施。

2019 年 1 月，日本财险公司推出了临时商业车险，被保险人的配偶（限本人驾驶的情况下）、子女，若想驾驶时可以临时加入以天或半天为时间单位的临时车险。该保险可以在主合同之下，通过智能手机临时投保附加车险，保费 1 天 400 日元（约合人民币 20 元）到 500 日元。完成支付后，即可驾驶。若发生保险事故，保险公司会按临时车险约定，承担相应的保险责任。

（3）"限本人驾驶""限夫妇驾驶"模式不适用"自赔责保险"

　　日本财险这款"限本人驾驶""限夫妇驾驶"模式的新产品，不适用于"自赔责保险"（类似我国"交强险"）。

四、探索我国车险含交强险在内能否采用"从人原则"

（一）车险可否按照"从人原则"设计保险产品

　　如前述日本机动车责任保险是以"从人原则"为基础，推出了专门承保"限本人驾驶""限夫妇驾驶"的机动车责任保险产品，对保险公司而言，这种以"从人原则"为主导的车险投保模式有利于在保险经营中更加有效地控制承保风险。

　　我国车险虽有自己的国情和人文习惯，需要考虑到亲情、朋友情、邻居情，但是否可以按照"从人原则"，对驾驶人员年龄、与车主的亲属关系等进行各种分类，将其设计成多样化的、符合上述各种情况的保险产品，而不是清一色的保险产品？

　　例如，首先，可将与投保人兼被保险人的关系，分为四类：第一，不分驾驶人员的亲疏关系，均可让其驾驶被保险车辆；第二，驾驶人员仅限于家族成员；第三，驾驶人员仅限于夫妇；第四，驾驶人员仅限于投保人本人。其次，根据年龄，将其细分为 18 岁到 25 岁档、26 岁到 69 岁档、70 岁及以上档等。最后，亦可根据中国社会家庭结构的特点，再增设几种类型和档次，设计出符合各方需求的保险产品。

　　根据上述分类，可将车险设计成附带有各种可进行自由组合的附加保险，供投保人投保时选择最适合投保人家庭实际情况的附加保险产品，进行组合后投保。

　　如能通过上述以"从人原则"为基础，进行车险改革创新，既可从精神上增强驾驶人员的安全意识，使其自觉遵守道路交通规则，亦可通过经济上的举措，促使驾驶人员加强安全意识，如若被保险人违规受罚，下一年度保费就随之增加，用提高违反交通法规的成本来增压，以达到减少交通事故的目的，其意义重大。

（二）可保留"被保险人或者其允许的驾驶人"模式

车险可保留"被保险人或者其允许的驾驶人"模式，同时推出新产品，使之与新产品并行，由保险消费者自行选择。具体可分两步走：第一步先创新推出"限家人驾驶"车险产品，等市场接纳后开始第二步，即逐渐推出"限本人驾驶""限夫妇驾驶"车险。可循序渐进推动创新改革，让机动车保险消费者逐渐熟悉新产品、新模式，逐渐减少销售"被保险人或者其允许的驾驶人"模式。

若能如此，有可能获得以下益处：

第一，"被保险人允许"的驾驶将出现减少，尤其是"纸张驾照"的家庭中，难得摸一下方向盘的人，可以不驾驶或少驾驶，则交通拥堵现象可能会得到一定程度的缓解。在"限本人驾驶""限夫妇驾驶"之下，被保险人驾驶自己熟悉的车辆，交通事故的发生率也有可能会下降。

第二，执行"从人原则"，车主投"限本人驾驶""限夫妇驾驶"，可大幅度减少每年的保费支出，若年年无事故无违规，保费可逐年下降。

第三，子女（"限本人驾驶"的配偶）希望驾驶，临时出点保费，随时可以轻松驾驶。

（三）交强险是否也可"从人原则"

一方面，交通肇事若是驾驶人员故意或驾驶失误为主因，肇事记录跟随驾驶人员，引进"从人原则"，保费率根据被保险人记录实行浮动，亦为必然之选，交强险完全可以采用"从人原则"。

另一方面，由于交强险毕竟是带有社会保障性质的一种制度，通过法律规定施行强制性的参保，亦称为"法定保险"。其目的是最大限度保障交通事故中受害的第三方权益，以维护社会的稳定和保障百姓的安居乐业。

因此，商业车险中的有关附加限制性条款来限制被保险人范围的做法，可能无法引进到交强险制度中。

（四）若车险改革创新，可获得三赢

第一，一般工薪阶层的有车族们，面对每年高昂的含保险费用在内的养车费用，都只能从别的开支中节省一些财源来应对。现在三人或四人的核心小家庭居多，有的家庭，妻子或丈夫虽然持有驾驶证，但从不驾驶，都是配偶的一方在驾驶。如若能推出"限夫妇驾驶""限本人驾驶"模式，由于被保险人允许的驾驶人员减少，每张保单中所含的风险发生率也能随之降低，根据风险率厘定的保费也将随之减少。这样，投保人的保险需求可得到满足，同时减少了保费支出，家庭财政可成功节流，此为一赢。

第二，在我国，亲朋之间借用车的风俗仍存，被保险人允许的驾驶人员驾驶不熟悉车辆的出险率、增加车辆的使用频率、风险发生率不可控。若限制驾驶人员范围，投保人可以驾车人被限制为由，婉拒出借，应不会影响亲朋之间的感情，亲朋间的借车会受到一定程度的制约。此举既可降低使用频率，亦可减少因驾驶不熟悉车辆的出险率，保险公司因此可减少理赔，此为二赢。

第三，根据车险"从人原则"，被保险人肇事或违规，都会随人记录在被保险人身上，第二年的保费会上涨，此举应会增强驾驶人员的安全意识。另外，如驾车人年龄范围得到限制，高风险人群驾车会得到一定程度的抑制，而随意出借车辆，发生事故反正有保险公司买单的观念会得到纠正，那么交通事故的发生率也会得到一定程度的抑制，交通事故死亡人数也会随之下降，此为三赢。

五、后记

　　商业车险若采用本文谈及的"从人原则"兼"从车原则"模式，让消费者自己选择可以成为被保险人的驾驶人员范围，交强险同"从人原则"挂钩，出险记录随人跟车同时移动，首先，消费者可以节省保费。其次，保险公司因理赔案件减少而得益，还可通过驾驶人员的出险记录决定保费升降，惩奖相得益彰，扭转保险公司经营交强险的赤字无法消解的尴尬。另外，更重要的是，此举可逐渐增强驾驶人员的安全意识，减少交通事故的发生，有利于建立交通安全的和谐社会。

作者系银华金商咨询股份有限公司董事长、华东师范大学保险硕士专业学位研究生行业产业导师

地震保险制度：实践、共识与思考

何小伟

　　长久以来，地震灾害一直被国内外公认为破坏力最强、造成死亡人数最多的风险之一。如何建立一套完善的地震灾害防治体系，尽可能减少地震灾害对经济社会所带来的冲击，是各国尤其是地震多发国家十分关注的话题。我国是世界上地震灾害最为严重的国家之一，地震灾害发生多、分布广、强度大，历史上发生过多次惨烈的地震灾难，死伤人数均位居世界前列。其中，1976 年的唐山大地震和 2008 年的汶川地震，给国人所带来的精神创伤至今都难以愈合。

　　作为应对地震灾害的重要手段，地震保险得到了国际社会的普遍重视。不少国家已建立起地震保险制度，旨在减轻地震灾害所带来的震荡，增强社会韧性。就我国而言，在 2008 年汶川地震发生之后，建立地震保险制度的呼声开始响起，一些地区近年来也积极开展地震保险的试点。但是，从目前来看，我国地震保险制度的损失补偿功能仍然有限，各方对地震保险制度的认识还存在一定分歧，相关问题也有待进一步探讨。

一、国内外地震保险制度的实践

（一）国际地震保险制度的主要实践及特征

　　从国际范围来看，美国、日本、新西兰、土耳其等国家和地区已经建立起专门的地震保险制度，并且运行多年，在国际上也产生了一定的示范和借鉴效应。表 1 反映了这些典型地震保险制度的基本情况。

表 1　国际典型地震保险制度的基本情况

	美国加州	日本	新西兰	土耳其
触发事件	1994 年北岭地震	1964 年新潟地震	1942 年惠灵顿等地地震	1999 年马尔马拉和都兹大地震
建立时间	1996 年	1966 年	1944 年	2000 年
保险标的	住宅及商业房屋	住宅	居民住宅与土地	住宅及商业房屋
保险责任	地震及次生灾害所致房屋及财产损失	地震及次生灾害所致房屋及财产损失	地震、海啸、滑坡、火山爆发等所致损失	地震及次生灾害所致房屋损失
是否强制	否	否	是	是，城市区域
险种形式	主险	附加险	附加险	主险
激励手段	鼓励	保费税前列支	强制附加	强制投保，绑定水、电等业务
费率情况	差异化费率	差异化费率	单一费率	差异化费率
最高保额	20 万美元 / 户	房屋损失每户 5000 万日元，财产损失 1000 日元	每户 30 万新币	每户 64 万里拉
损失类型	全损及部分损失	全损及部分损失	全损及部分损失	全损及部分损失
税前扣除	无	所得税（国税）最高 5 万日元，居民税（地税）最高 2.5 万日元	无	无
政府兜底	否	否	是	否

资料来源：上述巨灾保险制度的官方网站，相关数据更新到 2023 年底

（二）国内地震保险制度的主要实践

2008 年汶川地震发生之后，我国各界对地震保险制度都给予了高度关注。党的十八大之后，2013 年发布的《中共中央关于全面深化改革若干重大问题的决定》以及 2014 年发布的《国务院关于加快发展现代保险服务业的若干意见》均提出要"建立巨灾保险制度"，这给地震保险制度的发展创造了良好的政策环境。此后，不少地区开始探索试点地震巨灾保险制度，其基本情况详见表 2。

表 2　国内地震保险制度试点的基本情况

	深圳市巨灾救助保险	云南省大理州农房地震保险	四川省城乡居民住房地震保险	中国城乡居民住宅地震巨灾保险	张家口市城乡居民住宅地震巨灾保险
建立时间	2014 年	2015 年	2015 年	2016 年	2016 年
保险标的	辖区所有自然人	房屋及居民	居民住宅	居民住宅	居民住宅
保险责任	受灾人员的住房安置补偿	地震所致房屋损失及人伤	地震及次生灾害所致房屋损失	地震及次生灾害所致房屋损失	地震及次生灾害所致房屋损失
投保人	深圳市应急管理局	大理州应急管理局	居民	居民	张家口市应急管理局
投保方式	全市统保	全州统保	自愿投保	自愿投保	全市统保
险种形式	综合	主险	主险	主险或附加险	主险
保费补贴	深圳市政府承担100% 保费	省、州、县共同承担 100% 保费	政府提供 60%保费补贴	无	张家口市政府承担 100% 保费
最高保额	住房安置补偿最高2 亿元，其他 2500万元	每年累计最高5 亿元	100 万元	100 万元	楼房 5 万元/户，平房 2 万元/户
损失类型	全损及部分损失	全损及部分损失	全损及部分损失	全损及部分损失	全损及部分损失
承保机构	多家险企组建共保体	诚泰财险云南分公司	多家险企组建住宅地震共保体	多家险企组建住宅地震共保体	人保财险张家口分公司
政府兜底	否，总额控制	否，总额控制	否，总额控制、比例回调	否，总额控制、比例回调	否，总额控制

资料来源：根据公开资料整理

二、地震保险制度：可能的共识

随着国内外理论研究的深入和地震保险制度的发展，理论界和实务界对地震保险制度的认识也在不断深化与拓展，并逐渐达成一些共识。确认这些共识，对于推进我国地震保险制度的发展与完善，减少不必要的争论，显然是有积极意义的。具体来说，目前我们对于地震保险制度所达成的共识可能包括：

（一）地震灾害具有"低频、高损、难预测"的特征

相比于干旱、洪涝、暴雨、泥石流等自然灾害，地震灾害的发生频率很低，但是潜在损失规模很大，特别是当发生震级高、烈度强、范围广的破坏性地震时。比如，1976 年我国的唐山大地震造成了 24.2 万人死亡和 16.4 万人受伤，同时造成 97% 的地面建筑和 55% 的生产设备毁坏，损失极为惨重。2008 年的汶川地震则造成了 8.7 万人死亡（含失踪）以及 8451 亿元直接经济损失，被称为新中国成立后破坏性最强、波及范围最广、灾害损失最重的一次地震。不仅如此，与同样可能造成严重损失的热带气旋（如台风、飓风）相比，地震灾害还具有发生瞬时突发性、难以预测性等特征。迄今为止，地震预测在全世界范围内都是一个科学难题。正因为上述因素，地震灾害并不满足理想的可保风险条件，国内外保险业都不太愿意承保地震灾害，尤其是在那些地震灾害高发的国家。即便有些保险产品的保险责任范围包括地震灾害，保险公司也会限制对地震灾害的赔偿责任。

（二）建筑物损失是地震灾害不可保的主要来源

尽管地震灾害不仅会造成建筑物等财产损失，而且会导致大量的人身伤亡，但是从各国实践经验来看，保险业最忌惮的是前者，而不是后者。这是因为建筑物一般是相对静止、不可移动的，而且价值也比较高，当发生地震时，建筑物之间的损失具有强相关性，这会进一步导致巨灾损失出现，进而冲击保险公司的财务稳健性。相比而言，人在面临地震灾害时能够发挥趋利避害的主观能动性，积极躲避和自救，因此，地震所致的人身伤亡风险在可保性上要优于建筑物所面临的财产损失风险。目前各国（包括中国）的人身保险产品在保险责任范围上基本都涵盖地震灾害，但是在企业财产保险、家庭财产保险、工程保险等狭义财产损失保险产品的责任范围中均把地震灾害排除在外，或者将地震保险作为

附加险进行承保。值得一提的是，在我国 2020 年车险综合改革之后，商业车险也将地震纳入保险责任范围，农业保险产品也涵盖了地震责任，但是在企财险、家财险、工程险等狭义财产保险领域，各家保险公司对地震灾害仍然十分谨慎。

（三）地震保险制度离不开大灾风险分散机制的支撑作用

由于地震灾害有着很大的潜在损失规模，各国在构建地震保险制度时都需要做好应对巨灾损失的财务准备。从目前来看，国际上地震保险制度的风险分散机制一般包括多个层次，其中，直保公司及"地震共保体"为第一分散层次，国际再保险市场为第二分散层次，地震巨灾保险基金为第三分散层次，政府的贷款或紧急融资安排为第四分散层次。此外，一些国家还尝试通过发行巨灾债券将地震损失转移至资本市场，但是由于交易成本较高等方面的原因，这种方式的运用频率并不高。需要指出的是，目前国际上只有新西兰政府对地震保险的赔偿责任提供无限额的担保，而其他国家的政府都没有这方面的承诺。

（四）地震保险会在覆盖率上出现两难困境

国内外大量的经验表明，人们通常会认为地震灾害属于"小概率事件"，在日常生活中可以忽略，或者认为，即使地震灾害将发生，它也不会发生在自己身上。人们的这种侥幸心理，使得他们不太愿意为潜在的地震灾害采取相应的风险管理措施，包括投保地震保险。因此，国内外地震保险的投保率都比较低，即便是在美国、日本这些保险业十分发达、民众保险意识较高的国家。但需要指出的是，过低的投保率势必会影响地震保险的赔付范围，进而制约地震保险机制的作用发挥。因此，为了扩大地震保险的覆盖率，一些国家采取了诸多激励措施，比如为居民投保时提供一定程度的保费补贴，或者要求居民在申请房屋按揭贷款时必须购买地震保险，或者将地震保险与供水、供气、供电等公用设施服务挂钩，甚至要求特定人群必须投保，由此产生了较高的经济成本和社会成本。

（五）地震保险制度的效果评价存在争议

在评价地震保险制度的有效性时，我们通常会权衡地震保险制度对地震灾害损失的赔付情况以及为维持地震保险制度运行所付出的代价等因素。由于这些因素在现实中存在着多种可能性，这也使得我们对地震保险制度的评价存在着一定的争议。比如，假定一个国家建立了地震保险制度，但是居民的投保意愿却比较低，为了扩大地震保险的覆盖率，政府采取了保险补贴甚至强制投保等措施，花费了较大的经济代价和社会代价，如果该国的地震活动恰巧处于沉寂期，很长时间都没有发生严重的地震灾害，那么，倡导市场自由主义的人士可能会批评地震保险制度是低效和不经济的，因为全社会花费了太多的代价。与此形成鲜明对比的是，如果一国在实施强制性地震保险制度不久就出现了严重地震，由于地震保险的覆盖率较高，居民普遍都能获得一定的保险赔偿，此时全社会可能高度认可地震保险制度的作用。从这个意义上说，一旦一国为建立地震保险制度付出较大的经济代价和社会代价，它可能就需要接受因地震发生时间不确定所带来的差异化评价。

三、对我国地震保险制度发展的思考

虽然目前我国多地已经开展了不同形式的地震保险相关试点，但是地震保险的实施区域和参与的居民规模仍然有限，如果我们希望让地震保险在地震灾害损失中发挥重要作用，我们至少需要思考与回答下面这些问题。

（一）谁是地震保险的第一需求者

作为一种风险管理工具，地震保险的基本作用是为遭遇地震损失的被保险人提供一定的经济补偿，进而减少地震灾害所带来的冲击。从经济学常识看，居民是面临地震风险的独立经济主体，他们有是否购买地震保险，以及购买多少保额的自由选择权。然而，如果居民缺乏购买地震保险的意愿，导致地震保险的覆盖率不高，此时一旦发生严重的地震灾害，政府将不得不动用财政资金开展救助，在政府财力有限而不能慷慨救助的背景下，这无疑会影响居民的福祉。从这个角度来看，居民对地震保险的购买行为，并非纯粹的个人行为，而是有着一定的外部性，并关系到政府保障居民福祉的责任履行情况。基于此，政府对居民的投保行为作出一定的要求，也具有一定的合理性。在这种背景下，居民的投保选择权与来自政府的外部约束之间就产生了冲突。

需要进一步指出的是，上述这种冲突在全世界范围内都广泛存在。然而，由于各国在自由市场、政府干预等发展理念和指导思想上的差异，其实施政策也存在着差异。比如，在那些采取强制投保措施的国家，我们可以认为其政府有着更强的干预意愿，但是在大部分国家，政府的干预是有限的，居民仍然有着较大的自由选择权。无论如何，可以确定的是，如果政府是地震保险的第一需求者，那么政府就必须做好承担一定成本的准备，包括在供求两方面的支持成本；如果居民是地震保险的第一需求者，那么政府应该加大风险提示和保险宣传，引导居民调整预期，而居民也应该增强风险管理意识，积极投保地震保险。

（二）地震保险制度的具体目标是什么

设定合理的制度目标，是一国地震保险制度良性运转的前提，也是我们评估地震保险制度的参考依据。地震保险制度的目标包括多个层次，而要实现的目标越多，层次越高，则实施成本就越高，难度也越大，这就需要决策机构进行综合权衡。

目标一：可获得性，即居民可以通过公开渠道比较容易地购买地震保险产品，这也是最低层次的目标。以我国为例，2016 年 5 月原中国保监会与财政部联合发布《建立城乡居民住宅地震巨灾保险制度实施方案》之后，我国城乡居民住宅地震保险的可获得性目标已经基本达成。可以预期，随着国内地震保险产品的创新和发展，可获得性目标会得到更好的实现。

目标二：保险金额，即地震保险对居民住宅损失的最大赔偿额度。通常而言，地震保险的保险金额包括两个层面：一是每户居民投保地震保险的保险金额；二是全部居民投保地震保险的累计保险金额。从居民角度来看，保险金额越高，意味着其可以获得的保障水平上限就越高，在损失发生时的补偿率就越高。然而，从保险公司的立场来看，保险金额越高，其所承担的风险责任就越大，偿付能力的压力也越大。因此，为了支持保险公司的产品供给，以便其为居民提供更高的保障水平，政府有必要在地震巨灾风险分散机制上提供一定的支持，比如再保险、紧急融资安排以及财税支持政策等。

目标三：覆盖率，即全体居民中投保地震保险的家庭数量占比。覆盖率越高，意味着将有更多的居民在地震发生后获得保险赔偿，地震保险的作用发挥越充分。如前所述，政府可以考虑向居民提供一定比例的保费补贴，或者通过行政手段、立法手段对居民的投保行为作出一定的强制要求，从而让地震保险的覆盖率达到一定水平。但是，诸多经验表明，政府为提升地震保险覆盖率所花费的成本呈递增趋势（或者说边际激励效应递减），同时保费补贴、行政手段、立法手段都不能让地震保险的覆盖率达到 100%。因此，政府必须在覆盖率目标与实施成本之间进行权衡，设定一个相对合理的覆盖率目标。

目标四：保险赔付率，即地震保险对全部地震损失的补偿比例，它反映了地震保险制度的社会价值。如果地震保险制度有着较高的损失赔付率，可以进一步减轻居民所面临的损失，并进一步降低政府财政的救灾压力。因此，对政府部门而言，它是一个能够比较直观地反映公共政策效果（如财政资金使用绩效）的指标。但是，保险赔付率指标有着内在的缺陷。这主要表现在，地震发生率并不是在每年之间平均分布的，特别是具有很强破坏性的地震，基本是"几十年一遇"，这就要求我们在更长的周期进行考察和评价，而不能用类似于"保险赔付率""财政补贴赔付率"等短期指标进行评估。

（三）如何从微观产品设计上优化地震保险制度

地震保险制度的成功不仅需要在宏观层面进行合理的制度规划，同时也需要结合居民的消费心理在微观层面进行合理设计。在这方面，我们可以吸收与借鉴行为经济学的一些研究成果。这里略举三例。

一是可以尝试在综合性家财险中涵盖地震保险，而非实施单项地震巨灾保险。按照行为经济学中的"门槛概率"以及"可得性启发式"等理论，居民会根据个人生活经验对各类风险的发生概率进行评估，进而作出相应的决策。如果保险公司将地震灾害加入普通家财险的责任范围，那么，居民不仅可以因地震灾害获赔，而且还可以因其他洪水、火灾等灾害获赔，比较而言，综合性的家财险产品显然有着更强的吸引力，而推广综合性家财险也有助于扩大地震保险的覆盖率。当然，这种做法会加大保险公司的赔偿责任，会对保险公司的责任控制和风险转移提出更高的要求。

二是在地震保险产品设计中加强对居民的需求引导。行为经济学认为当消费者面临的信息和选择越多时，它会出现"选择困难症"，这一问题也会降低消费者的购买行为。因此，在地震保险产品的设计中，保险公司可以考虑简化相关选项或者设置默认选项，帮助客户更快地作出决策。

　　三是在地震保险相关产品（含家财险）中强化服务属性，采取"保险＋服务"的模式，增强消费者黏性。地震保险属于低频需求产品，其消费者黏性比高频需求的日用品要低得多，如果在地震相关保险产品中增加居家维修服务、家庭风险减量服务、家庭紧急救援服务等，也有助于提高客户感知度和认可度，进而吸引更多的居民投保。

作者系对外经济贸易大学保险学院教授

理论探讨
Theoretical Exploration

Observation
of Insurance
Risk

全民统一社会养老保险立法问题初探

潘红艳

以往的养老保险立法，基本是与经济体制改革、国企改制、区域经济发展问题同步同频进行的。未来的养老保险立法将立足于保险原理，根植于社会主义理论和互助理论，着眼于解决养老保险制度体系的根本性问题。制度规则将划分三个层次：第一层次保障全员均衡、区域均衡、行业均衡；第二层次体现区域差异、行业差异；第三层次导向个体区分，兼顾理论与现实，进而厘清养老保险制度与经济发展水平、区域行业差异之间的混沌关系，抑制代际养老保险中群体性主观意愿导致的制度推行障碍，建立老者有其养、老者自养、老者互养三支柱平衡的基本社会制度体系。

一、社会养老保险法律制度现状及制度沿革

（一）社会保险法中的养老保险制度

作为社会法的一个分支和组成部分的社会保险法于 2010 年颁布实施。我国社会保险法第二章规定了养老保险。基本养老保险与基本医疗保险、失业保险、工伤保险、生育保险的规定并列，旨在保障公民从国家和社会获得物质帮助的权利。

我国目前推行的基本养老保险包括职工养老保险、新农保和城居保（城乡居民养老保险）、机关公务员养老保险、行政事业单位养老保险。

基本养老资金来源采取由县级以上人民政府负责筹措，借助于县级以上人民政府的国民经济和社会发展规划划拨实施。四种制度、四套体系、四套系统、四种实施方法，虽然办事机构都统一在人力资源和社会保障部下，但是现行法律只作了框架性的规定，应当有一部把上述分散的制度，加以体系化、系统化衔接起来的立法，使之不发生不兼容的问题，也为将来实现全国统一实施基本养老保险制度做准备。

（二）我国社会养老保险的制度变革

我国现行养老保险制度是依据 2010 年颁布的社会保险法规定建立和实施的。溯至新中国成立时，我国社会养老保险制度经历了三次大的变革。

1. 新中国成立至改革开放初期的社会养老保险制度

新中国成立后，国家开始建立主要面向城镇工作者的社会保障制度，农村仍然以土地为主要保障形式。改革开放后，与社会主义现代化建设需要匹配，同时受限于改革开放初期的社会资源供给情况，我国重建企业及机关事业单位的养老保险制度。城乡居民养老保险制度建设处于基本停滞状态。

新中国成立初期，农村老人的养老方式主要以家庭和土地为主。政府对小农经济提供优惠政策、减轻农民负担，借以提高农村居民的养老保障能力。1956 年，国家确立农业生产合作社政策，其间出台了"五保制度"。

新中国成立后，1951 年颁布《中华人民共和国劳动保险条例》，规定了国营企业职工的养老保险，标志着城市职工养老保险制度的确立。1978 年，全国人大常委会审议通过了《国务院关于工人退休、退职的暂行办法》和《国务院关于安置老弱病残干部的暂行办法》，规定了全民所有制企业、事业单位和党政机关、群众团体的工人退休、退职条件的同时，也规定了退休退职后的退休费、退职生活费、安家补助费等待遇，以及退休退职工人子女安排问题和个别有突出贡献人员退休待遇的计发办法。建立了老弱病残干部离休、退休制度。1983 年，劳动人事部提出退休费用社会统筹的意见并进行试点。1991 年 6 月，国务院颁布了《关于企业职工养老保险制度改革的决定》（国发〔1991〕33 号），改变了我国长期以来养老保险完全由国家、企业包揽的办法，实行国家、企业、个人三方共同负担。

2.1992 年至 2010 年的三支柱养老保险制度

1992 年，邓小平南方谈话和党的十四大标志着改革开放和现代化建设进入一个新的阶段。1993 年，党的十四届三中全会通过了《中共中央关于建立社会主义市场经济若干问题的决定》，提出"建立多层次的社会保障体系"。2010 年，社会保险法颁布实施之前，我国初步建立了包括基本养老保险、企业年金和个人储蓄养老在内的三支柱城镇职工养老保障体系。

（1）农村养老保险制度

1992 年，政府出台了《县级农村社会养老保险基本方案》，确立了农村居民社会养老保障制度，即老农保。由于保障水平过低、缺乏政策扶持等问题，1999 年国务院叫停老农保。

2009 年，国务院发布《关于开展新型农村社会养老保险试点的指导意见》，开始试点运行新型农村社会养老保险，简称新农保。与以往农民养老保险相比，新农保最明显的变化在于筹资模式由完全积累制向"统账结合"的部分积累制转变。在老农保制度下，农民养老基本上是依靠自己账户累积的多少，并没有体现保险共济分担的特质，而统账结合一方面实现了个人权利与义务的对应，另一方面又体现出社会保险本身互济化解风险的功能。

（2）城市养老保险制度

1994 年，《中华人民共和国劳动法》（以下简称劳动法）颁布，其中专章规定了社会保险制度。1997 年 7 月，国务院制定了《关于建立统一的企业城镇职工基本养老保险制度的决定》（国发〔1997〕26 号），提出在 1998 年底之前，在全国范围内实行统一的养老保险制度，即全国统一的个人账户、缴费基数、缴费比例、计发办法和统一的过渡办法。经过十几年探索和论证，我国基本上建立起社会统筹和个人账户相结合的基本养老保险制度。

3.2010 年至今，统一的城乡居民养老保险制度

2012 年，党的十八大指出，要统筹推进城乡社会保障体系建设，整合城乡居民基本养老保险制度，逐步做实养老保险个人账户，实现基础养老金全国统筹。2014 年，国务院发布《关于建立统一的城乡居民基本养老保险制度的意见》，将新农保和城居保两项制度合并实施，全国范围内初步建立统一的城乡居民养老保险制度。

2022 年 2 月，人社部启动实施基本养老保险全国统筹，即在全国范围内对地区间养老保险基金当期余缺进行调剂，以解决基金结构性矛盾，进一步保障困难地区养老金发放。

我国养老保险（保障）发展历程呈现两个走向和特点：第一，解决养老问题的制度导向显现出从养老保障到养老保险的制度更替特点。第二，养老保险的制度实施范围呈现出从局部到全体、从城市到乡村的特点。

二、全民社会养老保险法律制度的理念依托

"在多样性的社会保险制度下，不仅被保险人所缴交的保费因收入高低而有所差异，各制度内所订立的保险费率以及给付额度也不尽相同。如此多样的结果固然可以反映被保险人的实际生活水准，但也不能达到轻所得、重分配的效果。"虽然涵盖保险这一核心概念，但社会养老保

险的制度表象和保险存在很多差异，这些差异的根源在于制度的内核理念不同。总体而言，社会主义、平等理念、保险原理、互助理论、社会正义理论构成社会养老保险的理念基础。

作为具有分散风险功能的保险制度，其原理中包含社会性的内核。保险的运营，无论商业保险抑或社会保险，其本质均可以归结为汇集具有同类风险人群的保险费，然后以保险基金在金融市场中的运用，实现保值增值，最后在发生危险的群体内支付保险金。此为保险原理。

社会养老保险制度中蕴含着平等的理念，虽然基于社会生活表层以及现存的养老制度体系，不同老龄群体存在养老金差异，但是从社会成员的养老需求以及制度供给角度，每个社会成员的法律地位是平等的。社会养老保险制度应当贯彻平等的理念，以符合社会养老保险的制度需求。

（一）互助理论

社会养老保险法律制度的内核蕴含着互助理论。互助作为人类共生的一种形式，具有悠久的历史，同时也发挥着多个层面的作用。从家庭内部成员之间的互助，到村民之间的互助，到广泛区域内的互助，都是基于不同的社会关系而产生的不同形态的互助。互助是人类个体原初状态和社会整体原初状态叠加以及相互作用过程中必然滋生的理念和制度体系。人的个体在智力水平、劳动能力等方面存在先天以及社会化过程的差异，无论是原始社会的狩猎活动，还是当代社会的社会化大生产活动，这些人类个体的原初状态中的差异部分，直接决定了社会群体只有通过互助才能实现生存发展的目标。

世界各国互助的形式存在很大区别，在不同国家、不同历史时期受到特定的人群、文化、宗教影响。日本的农业互助、英国的互助与保险制度连接紧密，均成为组织特定种类风险转嫁的组织形式。我国互助形式较多，包括农村合作社、互助养老组织、医疗互助等。比如，日本的农业互助中，当地人具备生活的智慧克服"公地悲剧"（tragedy of the commons）以及"搭便车"（free riders）[1]的问题，他们建立使用自然资源的规则，禁止进入公共捕鱼区的事项由地方人民会议决定。共有、公共组织所有、村民私有和集体所有的所有制形式，使得互助组织成员可以排除地方政府以及私人组织的干涉，成为互助的核心。

互助历久弥新的原因在于：虽然从古至今构成社会组织的形式发生了很大变化，但是不同社会组织内部所具有的相对稳定的成员关系并没有发生质变。人们由于生产关系的进化，已经不再仅仅是以往农村村民之间的关系，更多地演变成为以公司为组织形态的人际关系。但是，无论是以往的村民互助小组，还是现代的大公司、大企业，特定群体的共同利益，以及在特定群体之中的个体或者分支群体利益依然客观存在。赖生于人类局域的共生关系的互助，得以历久弥新。外部的关系属性虽然发生变化[2]，但是互助所具有的怜悯和分享的内核却被传承下来。

（二）社会正义理论

社会养老保险制度囊括了不具有保险费支付能力的群体，其获得养老保险金给付的正当性源自社会互助理念。社会养老保险不是个体养老风险的简单叠加，而是对社会整体的、范围更广的养老风险的治理。

1."搭便车"问题是一种发生在公共财产上的问题，是指经济中某个体消费的资源超出他的公允份额，或承担的生产成本少于他应承担的公允份额。指一些人需要某种公共财产，但事先宣称自己并无需要，在别人付出代价去取得后，他们就可不劳而获地享受成果，常指宏观经济学中公共品的消费问题。

2.虽然同为利益关系连接的相互依存，但是与传统社会的村民社会中的利益关系比较，现代社会的公司化利益关系更为紧密，主体之间的利益连接也更加紧密。同时，村民社会中一个家庭就是一个生产单位，村民与村民之间是平等的关系，而在公司中，组成人员被区分为不同的管理与被管理组群，彼此的关系呈现出立体特点。

　　我们将个人风险管理和社会风险管理共同进行观察，不难发现，针对养老风险而言，个人养老保险是向个体生命原初状态的回归，将个体生命历程中的老年时段作为风险治理核心的风险管理。社会养老保险是向社会整体的原初状态的回归，将社会全体成员的生命历程中的老年时段作为风险治理核心的风险管理过程。而社会整体的原初状态经由社会伦理、道德、价值观、法律等综合因素的共同作用，凝结成为社会互助的基本理念和现实做法。对于每一个社会成员，无论劳动能力的有无，均具有原初的社会成员利益。在养老的问题上，每个社会成员均有获得适度养老资源的权利。

　　罗尔斯在其著作《正义论》中陈述了正义的两个原则，"第一个原则：每个人对与其他人所拥有的最广泛的基本自由体系相容的类似自由体系都应有一种平等的权利。第二个原则：社会和经济的不平等应这样安排，使它们（1）被合理地期望适合于每一个人的利益；并且（2）依系于地位和职务向所有人开放""这些原则主要适用于社会的基本结构，它们要支配权利与义务的分派，调节社会经济利益的分配"。互助既是一种权利义务的分派方式，也是社会经济利益的调节方式，互助的理念中蕴含着深层次的正义理论。首先，个体受限于自身的自然禀赋、生活际遇、理性程度，需要社会理性的支撑，以使人们突破自我认知的局限。其次，互助的存在前提与正义的存在前提契合。正义的第一个原则的存在设置了"个体和群体"这一社会结构的前提，互助亦然。最后，互助是解决社会和经济不平等的路径之一。"正义原则确立社会合作、利益平等分配的原则。正义原则是在原初主体中选择出来的，排除了基本的善的知识与正义环境的一般知识之外的信息，这样选择出的正义原则将自然能力的分配当作一种集体的资产，以至于较幸运者只有通过帮助那些较不幸者才可能获得自己的利益。"

（三）互助与保险原理的顺位

社会养老保险制度需要解决两个层次的问题：第一层次，职业群体的养老保险问题；第二层次，无业群体的养老保险问题。第一层次中，无论职业群体具体类型是什么，公务员、企业职工抑或自由职业者，遵循的理念可以概括为保险以及职业照拂。养老保险制度成为国家理性和个体理性统合的制度安排。第二层次中，基于无业的具体原因，伤残疾病无劳动能力、家庭安排选择无业，或者被动失业，遵循的养老保险理念存在差异。伤残疾病等无劳动能力社会成员的养老保险制度设计遵循对弱势群体的照拂理念；家庭安排选择无业，遵循对家庭成员的抚养或者扶养；被动失业社会成员和有职业社会成员之间的群体关系实质可以归结为参与社会化大生产机会的此消彼长。以社会养老保险的制度设计，对其各类无职业社会成员提供养老金，最终归结为对社会互助理念的遵循。

两种理念顺位，即以哪种理念为核心和制度设计的主导，直接关涉社会养老保险保障范围、适用范围的确定。两种理念的内核存在重合之处，商业保险是一种以转嫁风险为目的的群体互助形式。但是商业保险理念强调精算基础、强调等价有偿的商业原则，而互助则无前述要求。

在社会基础养老保险中，是以商业保险原理统领社会互助理念，还是以社会互助理念统领商业保险原理？既是一个事实问题，也是一个理论问题。从社会基础保险制度发展总体走向和脉络观察，世界很多国家的社会保险制度的建立和逐步发展几乎遵循同一规律：从一般的社会互助理念支撑的制度向保险原理支撑的制度嬗变。从两种基本理念的科学性以及对社会养老制度的反作用角度观察，社会互助中的互助行为较为多元，未曾遵循精算等科学原理。保险理念，尤其是发展到当代的保险，遵循严密的科学精算。保险基金的保值增值也形成了一系列具有科学性的规则。而这些特点与社会养老制度的资金安全性、运营可持续性保持高度统一。可见，以保险理念统领社会互助理念，作为社会养老保险制度的理论支撑更有利于制度的进化。

三、全民养老保险法的制度优势及其主要内容

我国社会养老保险的现实与我国养老保险的发展阶段、政府的推动运作息息相关，形成了多样性共存的社会养老保险制度。[3] 社会保险法的确立和发展实质是社会主义同保险制度的时代交融，19 世纪末的欧洲，社会主义思想开始发展，影响和直接推动了照拂老者以及弱者的社会保险的发展。1883 年，德国建立了历史上第一个社会保险制度即是前述理论根基的明证。

在多样性的社会保险制度下，不仅被保险人所缴纳的保费因收入高低而有所差异，各制度内所订立的保险费率以及给付额度也不尽相同。如此多样性的结果固然可以反映被保险人的实际生活水准，但无法达到"轻所得、重分配"的立法目的，也无法实现"全民保险"的立法导向。

（一）统一的全民养老保险法的法治优势

统一的全民养老保险立法是实施养老保险全国统筹、践行共同富裕的法治路径。分化的社会养老保险法、商业保险法、政策养老保险制度阻碍养老保险的法治进化，以全局的养老保险为立法切入点，对实现"养

---

3. 无独有偶，德国社会保险的发展历史上也经历过类似的阶段。从德国社会保险的历史来看，其前身由矿工互助基金发展而来，后来出现手工业者的社会保险，再后来确立自由工作者的社会保险，以及建筑师、律师、医师等的社会保险。

老保险全国统筹"[4]、理论养老保险社会关系的法治理念大有裨益。统一的全民养老保险法的制度优势体现在以下方面。

一是以统一的保险运营原理统辖社会保险法和商业保险法，符合保险参与社会治理的深层需求。社会保险和商业保险的根本运营原理是相通的，从国家层面，养老保险的法律制度实质就是将所有公民作为投保人，以养老风险的治理为目标的全国统一养老保险产品运营的全国统一的制度。二是局部的、分立的养老保险立法状况，阻碍养老保险全域问题的梳理和解决。分层次的、覆盖全国的养老保险立法，可以有效避免这一问题。三是商业保险法的立法逻辑并未凸显养老保险的具体制度，统一的养老保险立法能够弥合现有商业保险法对养老保险的制度供给不足。四是以统一立法为导向的政策梳理，既能保证我国政策实施的连续性，也能避免政策分立和分歧导致的地域、阶层等的不公平。

（二）全民社会养老保险立法的基本设想

总体而言，与我国的经济发展伟大成就以及推动共同富裕的时代使命衔接，将全民养老保险法建立在已有社会养老保险产品、商业养老保险产品、政策养老保险产品加以整合的基础上，建立在对既存社会养老保险制度、政策养老保险制度、商业养老保险制度继承创新的基础上，建立在全国各地的养老保险规范整理、统领的基础上。

全民统一的社会养老保险制度体现社会成员的实质平等，减少群体分化的社会管理成本以及政策转换成本。城乡统一、各类人口统一的基本养老保险制度，能够解决城乡差异以及流动人口的保障不足等社会问题。第七次全国人口普查结果显示，我国城镇人口为 9.02 亿人，占比

---

4. 习近平总书记在 2021 年中央经济工作会议（2021 年 12 月 8—10 日）上的讲话中明确提出，加快实现养老保险全国统筹。中国经济网：http://www.ce.cn/xwzx/gnsz/szyw/201712/20/t20171220_27355763.shtml。

63.89%；乡村人口为 5.10 亿人，占比 36.11%。人口分离（流动人口）人口为 4.93 亿人。[5]

全民一致的社会养老保险制度有助于解决地区人口不均衡的问题，我国 31 个省份中，人口超过 1 亿人的省份有 2 个，5000 万人至 1 亿人的省份有 9 个，人口居前五位的省份合计人口占全国人口的比重为 35.09%。[6] 对于工作阶段的人口，因为工作机会、薪酬待遇等原因易于选择人口聚集的省份。老龄人口基于生活习惯、气候条件、物价水平等因素，会主动选择更适合自身养老的省份。全民一致的基本养老保险制度，可以避免区域差异引发的老龄人口区域选择的不均衡。

（三）社会养老保险法的制度构建

全民统一的社会养老保险法的基本内容，除了社会保险法已经规定的内容外，可综合规定如下方面：

第一，被保险人的资格（15 年），18 岁以上国民都应当加入法定强制社会保险。第二，养老保险金财源、个人、地方政府、中央财政、保险基金运作情况。第三，详细规定家属丧葬补助抚恤金。第四，详细规定病残津贴。

此外，在全民社会养老保险法中对各层次养老保险运营机构、养老保险基金的运作机构、基本养老保险费的比例分摊机制以及基本养老保险金的给付数额调控方法等加以系统规定。

全民统一的社会养老保险法律制度需要与补充养老保险制度以及商业养老保险制度共同发挥作用，在体现老龄群体平等地位的基础上，满足多层次的养老需求。

作者系吉林大学法学院金融与保险法制研究中心主任

---

5. 数据来自国家统计局网站。

6. 同上。

中美汽车保险产品比较研究（下）

聂勇

　　下篇部分主要阐述美国汽车保险的被保险人、义务条款、赔偿条款等具体规则，在条款设计、承保及理赔等环节，借鉴其合理性经验，特别是被保险人义务的刚性约束极其重要，以期完善我国汽车保险的义务条款及违反规则。最后展望我国车险发展前景，机动车险只有融入国家治理体系建设的法治环境中，方可更好发挥"稳定器"及"减震器"效能。

一、被保险人：列明方式与概括方式

　　美国 PAP 中被保险人比较复杂，一般采取列明方式，为在汽车使用中可能引起责任的四种被保险人提供保险保障，除此之外的人员不属于被保险人范畴。

　　（一）被保险人或共同居住的家庭成员。承保指定的被保险人或共同居住的家庭成员对任何汽车的拥有、维护或使用，不论汽车是否属于其所有或借来的，除非有除外责任限制。

　　（二）使用被保险人汽车的人。承保任何使用被保险人汽车的人，就是说，如果汽车的所有人把自己的汽车借给别人驾驶，那么应由汽车所有者的保险人，而不是驾驶者的保险人支付索赔。例如：甲把车借给了邻居乙，一般来说，将发生事故的汽车的保险视为基本保险，基本保险首先赔付。如果甲的保险金额已经给付完毕（乙被要求支付 15 万美元，而甲的保险金额为 10 万美元），那么乙可以向他的保险人请求支付余下的赔款，直到他的保险金额用完。这里称乙的保险为超额保险。超额保险在基本保险的保险金额用完后赔付。

（三）被保险人非为自己目的驾驶自己车的行为。被保险人并不是为自己行为外出驾车，而是为某个群体组织驾车外出从事群体组织的活动，驾驶自己汽车出险，个人汽车保险单会承保这些群体组织应承担的责任。如假设兄弟会让会员甲为聚会去买一些点心，假设甲开他自己的车在去商店的途中发生交通事故，个人汽车保险单会为兄弟会应承担的责任提供保障，这种责任的出现是因为在完成购物的任务中，甲在技术上应视为兄弟会的代理人。

（四）被保险人非为自己目的驾驶他人车的行为。第（四）种和第（三）种保障的区别在于被保险人驾驶的车是否属于自己。此时不是被保险人自己的车，应由汽车所有者适用基本保险，被保险人则适用超额保险的赔偿规则。

综述之，PAP 可以列举多个被保险人，包括"声明"中的被保险人、住在同一所房子里的配偶等，较好解决代位追偿及碰撞家庭成员的困境。FAP 只能列举一个被保险人，一般为汽车行驶证上的车主，包括自然人、法人及非法人组织。

分析之，《中国保险行业协会机动车综合商业保险示范条款（2014版）》《中国保险行业协会机动车综合商业保险示范条款（2020版）》（以下简称《示范条款（2014版）》和《示范条款（2020版）》中保险责任要求被保险人允许的合法驾驶人，在免责条款中又列为"非被保险人允许驾驶人"，造成保险责任条款与免责条款的双重约定，形成法律适用冲突，保险责任约定属于条件，条件不得违反，免责条款是在符合保险责任范围的前提下，对不可保风险的排除，并非保险责任条款的再描述及再强调，司法实践中司法判决乱象丛生。修理厂驾驶员驾驶保险车辆出现肇事，居然由保险人承担赔偿责任，居然还没有追偿权。

借鉴之，在个人汽车界定方面，在 PAP 中，若出租私有载客小汽车、小型货车或棚车，若符合"与该人签署了书面协议书"与"租期至少6个月"等两项条件，则视为一人所有，可以投保个人汽车保险。但若被保险人把被保险汽车用作出租车时发生事故造成伤害，这种把汽车用作出租商行的交通工具属于个人汽车保险单的除外责任。但在 FAP 中，出租车一律投保出租租赁性质，不能作为家庭自用汽车投保，而且家庭自用汽车不包括小型货车。

二、义务条款：约束刚性与约束弱性

美国 PAP 中被保险人义务条款必须得到遵守，方可行使索赔权，特别是事故或损失发生后的义务，只有被保险人完全履行条款义务，才能得到损失赔偿。

（一）索赔应完全履行的义务。一是及时通知义务，立即通知保险人有关事故或损失发生的时间、地点及如何发生的，还包括任何受害人或目击者的姓名和地址。二是提供协助义务，提出索赔必须做到：与保险人密切配合进行调查处理赔案或对索赔或诉讼提出抗辩；及时向保险人提交与事故或损失有关的任何通知或法律文件的抄本；遵循保险人合理要求，接受保险人指定的医生检查身体，费用由保险人支付，诚实地接受检查；授权保险人获得医疗报告及其他有关记录；按保险人要求递交有关的损失证据。三是未保险驾车者险的特别义务，如果涉及肇事逃逸司机，立即通知警方；如果提起诉讼，立即向保险人递交法律文件的抄本。四是车损保险赔偿者的特别义务，在损失发生后采取合理措施，保护"被保险车辆"或任何"非拥有车辆"及其设备，以避免进一步扩大损失，保险人将支付由此发生的合理费用；如果"被保险车辆"或任何"非拥有车辆"被盗，应立即通知警方；在财产修理或处置之前，允许保险人检验并估计损失。

（二）未尽索赔义务的后果。 与所有财产和责任保险合同的条件一样，个人汽车保险单的条件非常重要，被保险人要想获得保险赔偿，必须符合这些条件。保险单规定若被保险人未履行列明的职责，其结果是伤害了保险人的利益，所以保险人在该保险单项下也就没有赔偿的义务。一是未及时报案，保险单规定如果发生损失，被保险人必须立即通知保险人损失发生的时间、地点及如何发生的，要求损失通知能使保险人在证据明显时对损失进行调查。二是未积极施救，被保险人必须保护受损财产，以避免进一步损失。保险人同意支付保护财产发生的合理费用，如果汽车开进水沟，修理之前把它拖到车库和保管的费用由保险人支付。三是未协助理算，在理算损失时，被保险人必须和保险人合作，就是说，被保险人在需要的时候在法庭或听证会上提供证据和证词，并争取目击证人参加。四是未及时报警，若依照 C 险（未保险驾车者险），就肇事逃逸司机造成的损失向保险人提起索赔，则被保险人必须履行在事故发生后立即通知警方的义务。

综述之，我们知道义务条款是保险法中最大诚实信用原则的根本体现，也是对如实告知、明确说明、弃权和禁止反言的具体要求，在美国车险条款中显得极为重要，义务条款（包括条件）必须得到遵守，这是保险人履行赔偿责任的必要前提条件，可见 PAP 中义务条款的约束是刚性的。但在我国 FAP 等车险产品中义务条款的约束则是弱性的，呈现出"弱化"乃至"删除化"现象[1]，《示范条款》第一次修订是在 2012 年 3 月 14 日完成，当时考虑到社会舆论及司法裁决等因素，弱化和删除投保人、被保险人义务条款，将其分流到免责条款及赔偿处理等条目中，但导致《示范条款》与保险法极为"不协调、不协同"，有违保险法关于保险合同

---

1. 聂勇："商业车险示范条款之示范效应及法律审视"，《中国保险》2015 年第 4 期。

要素的强制性规定。随着 2013 年 6 月 7 日最高人民法院发布《最高人民法院关于适用〈中华人民共和国保险法〉若干问题的解释（二）》，我国保险诉讼司法环境逐步好转，但《示范条款（2014 版）》在 2015 年 3 月 20 日再次修订颁布时，未考虑《最高人民法院关于适用〈中华人民共和国保险法〉若干问题的解释（二）》第九条第二款"保险人因投保人、被保险人违反法定或者约定义务，享有解除合同权利的条款，不属于保险法第十七条第二款规定的'免除保险人责任的条款'"之规定，因此义务条款不属于"免除保险人责任的条款"，无须履行免责条款生效的程序性要件，即可对被保险人产生约束性效果，可见义务条款比免责条款的实务性操作更为简洁，更有利于保险人防范经营风险。

分析之，《示范条款》删除义务条款后，其结构性及适法性欠妥，显得体例"别扭"及词义"啰唆"，如"重大过失"在《示范条款（2014 版）》中出现 6 次，在《示范条款（2020 版）》中出现 5 次，列在"责任免除"或"赔偿处理"项下，但究其本意，需要进一步推敲，以符合保险法律之意图。一是 1 次出现车损险责任免除项下"被保险人或允许的驾驶人故意或重大过失，导致被保险机动车被利用从事犯罪行为"条款中此时的"重大过失"属于典型免责条款，但我国保险法未规定何种情形下的"重大过失"是否列入以及如何列入"责任免除"条款，保险法第二十七条第二款仅规定因被保险人故意制造保险事故的，保险人不承担保险责任。但日本保险法（2008 年）第 17 条第 1 款规定：对因投保人或被保险人的故意或重大过失所造成的损害，保险人不负损害填补责任。二是 1 次出现在车损险赔偿处理项下的"被保险人故意或者因重大过失致使保险人不能行使代位请求赔偿的权利的，保险人可以扣减或者要求返还相应的赔款"条款中，是否暗示在商业三责险、车上人员责任险、盗抢险中不存在追偿实务"重大过失"情形。三是 4 次在车损险、商业三责险、车上人员责任险、盗抢险责任免除项下的"投保人、被保险人或其允许的驾驶人知道保险事故发生后，故意或者因重大过失未及时通知，致使保险事故的性质、原因、损失程度等难以确定的，保险人对无法确定的部分，不承担赔偿责任，但保险人通过其他途径已经及时知道或者应当及时知道保险事故发生的除外"条款中，在同一综合条款中出现4次同样的表述，不仅显得条款累赘和烦琐，更为重要的是此处的"重大过失"应为义务条款，而非免责条款。

借鉴之，保险制度依赖之基础即为诚实信用原则，义务条款是诚实信用原则的重要载体和根本体现，在保险合同中尤为关键，保险之本质就是一纸合约，必须依赖以义务条款为主的诚信规范。借鉴美国PAP中义务条款规则，确定我国FAP等车险产品中保险人、被保险人及受益人等享有赔偿权和拒赔权等关键主体违反义务条款的法律责任，可以更好地督促双方更加审慎对待主要义务，更好地维护双方权利义务平衡。

三、赔偿条款：承保限制与索赔限制

美国PAP中被保险人符合保险单的所有条件，遵循承保条件及索赔条件，方可要求保险人赔偿，被保险人若存在承保行为和索赔行为的失当性，将导致丧失索赔权。

（一）**承保限制**。主要表现在保单转让行为及行驶区域行为。一是被保险人不得自行转让保单，个人汽车保险单的转让必须经保险人书面同意才有效，保险单注明未经保险人书面同意，个人汽车保险单不得转让。二是被保险人不得超区域驾车，美国个人汽车保险单的其他条件和承保区域有关，加拿大、波多黎各和美国属于承保区域，但墨西哥和其他国家不属于承保区域。因此，美国的司机开往墨西哥和其他国家之前要购买其他适当的保险。

（二）**索赔限制**。主要表现在反重叠、反欺诈、追偿权及破产等四方面。一是反重叠条款，若被保险人几份保险单承保同一意外事故，则保险人的责任不能超过其在任何一份保险单项下的最高比例限额，其目的是限制被保险人因同一损失向不同保险人申请超额赔款。二是被保险人不得有欺诈行为，个人汽车保险单清楚地说明被保险人欺诈行为使保险单无效，将不能获得保险人赔偿。三是追偿权条款，代位求偿是指一旦保险人赔偿了损失，就取得了代被保险人向过失方起诉的权利，如果被保险人在损失后的行为（如放弃对过失方追偿的权利）损害了保险人的追偿权，被保险人违背了保险合同，这样保险人可以对损失不予赔偿。四是破产条款，被保险人破产不影响保险人对受害的第三方的赔偿，如果没有此规定，因为破产使被保险人不再对受害人承担法律义务，法庭判决被保险人破产会使保险人免予赔偿。

综述之，我们知道赔偿条款是保险产品的价值体现，是保险行业的本质属性。美国PAP中涉及赔偿条款的限制性条件众多，如条件、免责条款、义务条款、承保限制、索赔限制等，其中承保限制主要是控制保单转让行为及超区域驾驶行为，索赔限制主要是控制重复保险行为及欺诈行为等，可见PAP中承保限制及索赔限制是保险人控制规范被保险人行为的有效规则，被保险人必须遵循承保限制及索赔限制的条件，否则无法获得保险赔偿。但我国FAP中承保限制和索赔限制显得"无力无助"，审判机关多数持否定性裁判意见，如在"类案不同判"司法环境下，《示范条款（2020版）》作出"无奈妥协"，主动取消规范被保险人四类驾驶行为的索赔限制，包括取消"实习期驾驶五类车"的驾驶规章限制条件；取消驾驶出租车等营业性用车的司机无从业资格证的驾驶规章限制条件；取消实习驾驶时无教练随车指导的驾驶规章限制条件；取消车辆未年检或检验不合格的驾驶规章限制条件。取消这些索赔限制（驾驶规章限制条件）是否纵容这些违法违章行为，给被保险人更多的侥幸心理，认为最终买单人是保险人，是否符合国家治理体系和治理能力建设，值得商榷与深入思考。

分析之，从国外立法例来考察，关于财产保险的被保险人将保险标的转让给第三人的，保险合同是否因之移转，主要有两种立法例：一是采用从人主义说，认为保险合同以双方当事人互信为基础，因而除另有规定外，保险合同不因标的移转而移转。奥地利立法规定，保险标的若为动产，保险利益不随保险标的的转让而移转，保险合同因保险标的转让而消灭；保险标的若为不动产，保险利益随保险标的的转让而移转，保险合同对受让人继续有效。二是采用从物主义说，认为保险合同于标的移转后，应为受让人的利益而存在。此乃基于经济因素之考虑，在保险合同之保险期间未届满之时，以法律规定，将其效力延至受让人。德国保险契约法第 69 条第 1 款规定："投保人将保险标的物转让者，受让人取得让与人在拥有所有权之期间内，基于保险契约关系所生投保人权利及义务之地位。"

PAP 和 FAP 中承保限制的差别在于保单（保险标的）转让行为的法律效力，美国 PAP 明确规定被保险人不得自行转让保单，个人汽车保险单的转让必须经保险人书面同意才有效。而我国 FAP 保险标的转让行为，具有以下要点：一是［《示范条款（2020 版）》］"第四章 通用条款"第四十六条"在保险期间内，被保险机动车转让他人的，受让人承继被保险人的权利和义务。被保险人或者受让人应当及时通知保险人，并及时办理保险合同变更手续。因被保险机动车转让导致被保险机动车危险程度发生显著变化的，保险人自收到前款约定的通知之日起三十日内，可以相应调整保险费或者解除本保险合同"的规定，根据保险法第四十九条的规定，明确保险标的转让行为的操作规范。二是［《示范条款》（2020 版）］规定保险人不负责赔偿"被保险机动车被转让、改装、加装或改变使用性质等，导致被保险机动车危险程度显著增加，且未及时通知保险人，因危险程度显著增加而发生保险事故的"原因导致的人身伤亡、财产损失和费用。三是《最高人民法院关于适用〈中华人民共和国保险法〉若干问题的解释（四）》第五条"被保险人、受让人依法及时向保险人发出保险标的转让通知后，保险人作出答复前，发生保险事故，被保险人或者受让人主张保险人按照保险合同承担赔偿保险金的责任的，人民法院应予支持"规定，有利于维护被保险人的合法权益。

借鉴之，在我国保险实践中，保险标的转让后索赔权如何配置，转让人（被保险人）和受让人之间如何协调保险赔偿请求权，保险实践和保险诉讼中理赔差异性、裁判差异性都客观存在，不利于理赔规则性及裁判统一性。基于此，《最高人民法院关于适用〈中华人民共和国保险法〉若干问题的解释（四）》用4个条文来明确保险标的转让中权利承继和通知义务的裁判规则。一是原则性，在危险程度未增加时，未履行通知义务，权利自动承继，《最高人民法院关于适用〈中华人民共和国保险法〉若干问题的解释（四）》第一条作出"保险标的已交付受让人，但尚未依法办理所有权变更登记，承担保险标的的毁损灭失风险的受让人，依照保险法第四十八条、第四十九条的规定主张行使被保险人权利的，人民法院应予支持"规定，清晰界定受让人自动承继转让人（被保险人）权利，无须履行书面形式通知义务。二是例外性，在危险程度增加时，未履行通知义务，存在拒赔可能，保险法第四十九条第一款规定："保险标的的转让的，保险标的的受让人承继被保险人的权利和义务。"《最高人民法院关于适用〈中华人民共和国保险法〉若干问题的解释（四）》第一条解决保险实务中大量存在的车辆买卖未及时过户时索赔权争议问题，导致保险法第四十九条第二款规定，"保险标的的转让的，被保险人或者受让人应当及时通知保险人，但货物运输保险合同和另有约定的合同除外"条文中"通知义务"在被保险人或者受让人得以"免除"，但若因被保险人、受让人未履行"通知义务"的，因转让导致保险标的的危险程度显著增加而发生的保险事故，保险人不承担赔偿保险金的责任。三是特殊性，未履行通知义务，保险人答复前的裁判规则，保险法第四十九条第三款规定，因保险标的转让导致危险程度显著增加的，保险人自收到前款规定的通知之日起三十日内，可以按照合同约定增加保险费或者解除合同。保险人解除合同的，应当将已收取的保险费，按照合同约定扣除自保险责任开始之日起至合同解除之日止应收的部分后，退还投保人。在"三十日"内出险怎么处理？《最高人民法院关于适用〈中华人民共和国保险法〉若干问题的解释（四）》第五条作出"被保险人、受让人依法及时向保险人发出保险标的转让通知后，保险人作出答复前，发生保险事故，被保险人或者受让人主张保险人按照保险合同承担赔偿保险金的责任的，人民法院应予支持"规定。从法律效果看，只要被保险人或受让人通知保险人，则保险人作出答复前发生保险事故的，保险人必须承担责任。保险人决定是否增加保险费或者解除合同的决定时间最长为 30 天，此条明确保险标的转让"空当期"的保险责任承担，主要是约束保险人专业承保行为，要求保险人及时尽快作出核定，对于危险程度增加的行为，尽快确定是增加保费还是解除合同。四是连贯性，免除保险人的提示和明确说明义务，《最高人民法院关于适用〈中华人民共和国保险法〉若干问题的解释（四）》第二条作出"保险人已向投保人履行了保险法规定的提示和明确说明义务，保险标的受让人以保险标的转让后保险人未向其提示或者明确说明为由，主张免除保险人责任的条款不生效的，人民法院不予支持"规定，本条仅为确认性规定，受让人承继的只是被保险人的权利和义务，而保险法规定的明确说明义务等的对象是投保人，故当然没有必要对受让人说明。即便认为受让人承继了投保人和被保险人双方的法律地位，但根据保险法第四十九条第一款及《最高人民法院关于适用〈中华人民共和国保险法〉若干问题的解释（四）》第一条的规定，受让人已经当然享有权利，故保险人根本没有向受让人说明的机会。但在实践中，如果保险人有向受让人进行"明确说明"的机会，若受让人至保险人处进行保单内容变更业务，建议向其"明确说明"，避免纠纷。

四、结语：中美车险比较展望

美国 PAP 在"条件、险种性质"体例结构、"交强险保单与商业险保单为一张保单"承保实务、"第三者界定、车上人员纳入交强险"条款保障等具有较强的借鉴意义，但全球车险的异质性很强，各国车险的发展路径各有不同，不存在一种适合所有国家的车险发展模式和监管模式。特别是近年来伴随着金融风险多样化、显现化，监管环境趋于防控风险，监管手段趋于严格，保险业启动费率市场化改革。但各国改革历程表明，商业车险改革发展的主流方向是费率市场化和产品特质化。我国正在持续深化车险综合改革，持续健全商业车险费率市场化形成机制，将进一步释放行业发展"红利"。监管披露数据显示，自 2020 年实施车险综合改革一整年后，车辆平均所缴保费为 2762 元，较改革前降低了 21%，累计为车险消费者减少支出超过 2000 亿元，进一步提升了保险消费者的获得感和满意度，实现车险"降价、增保、提质"目标，有效发挥保险业的经济减震器和社会稳定器功能。

当前，我国保险市场进入品质增长型、高质量发展阶段，在机动车保险条款开展国际比较基础上，应当重新审视我国机动车保险条款，走出"习惯性、守旧性"固化模式，践行"创新性、前瞻性"发展模式，突破"守成与创新""革新与创新"理念之争，开展机动车保险条款利弊分析，并通过"制度革新及实务革新"实现"规制创新及产品创新"，确保实现我国机动车保险市场增量发展与保险消费者权益保护最优化的良性互动。

在机动车险承担更多社会管理职能中，我们应进一步研究"禁止性"免责条款的社会功能及管理功能，当前在《示范条款（2020 版）》中，已经取消"实习期驾驶五类车"的免责条款；取消驾驶出租车等营业性用车的司机无从业资格证的免责条款；取消实习驾驶时无教练随车指导的免责条款；取消非被保险人允许的驾驶人驾驶车辆的免责条款；取消车辆未年检或检验不合格的免责条款，我们应反思保险功能的正当性及社会性，取消这些免责条款实属过度"迎合"司法裁判。当前我国保险体系中，保险机制更应鉴于"三证三令三超三改"［机动车管理法规中驾驶证、行驶证、操作证等"三证"，客车夜休令、危险品车装载令、行驶令等"三令"，超载、超员、超限（超长、超宽、超高）等"三超"，以及改装、改型、改造等"三改"］极端重要性，在保险监管或行业自律层面，应当改变当前保险条款中"各自为政、各自表述"的弊端，根据险种特性，合理改进在车险、责任险、意外险等险种中设计规则，实现在险种之间的规范性、协同性及统一性。在保险责任设计上强化"免责条款＋减责条款"的理念，在赔偿方式设计上强化"减赔＋拒赔＋垫付"的理念，发挥好保险合同中"禁止性"免责条款的引导功能。

可见商业车险产品改革的真正"症结"在于商业车险的顶层设计规则，否则仍是"头痛医头、脚痛医脚"，不能"系统治疗"，商业车险条款就会被审判者和媒体"牵着鼻子走"。在国外，否定一项免责事由，法官需要考量多重因素、斟酌多重利弊，而我国审判者绝大多数是以保险人违反程序性要件（免责条款的醒目提示程序，明确说明程序）为由判决免责条款不发生效力，而不是免责条款本身无效，因此这是个有趣的现象，审判者似乎手持这个"撒手锏"，随心所欲判决。我们说商业车险条款存在缺陷，这是因为我国保险法体系尚未健全、审判者专业理论缺失，因此商业车险改革的核心环节是建立车险条款的法律规制和监管规制。再言之，只要我们秉持"善举善行"初心决心，加强顶层设计规范的前瞻性研究，融入国家治理体系及治理能力的法治环境下，《示范条款》才具有典型的示范意义和示范效应。

作者系英大泰和财产保险股份有限公司法律合规部正高级经济师、公司律师，中国保险行业协会法律合规核心专家，中国法学会保险法学研究会理事，中国保险学会智库专家

实践探索
Practice Exploration

Observation
of Insurance
Risk

新能源车险是财险业服务
国家战略的责任担当

谢跃　郭兴

　　保险业如何助力新能源车服务国家战略、建设保险强国的使命值得深入思考。发展新能源车是国家战略，如果保险业只局限在业务亏损还要不要继续经营，则没有与新能源车的国家战略协同发展。财险公司应当抓住新能源车的发展机遇，推动国内保险业务走出去，推动保险与新能源汽车产业链、价值链的技术和数据融合，助力新能源车服务国家战略、建设保险强国的使命。

一、做好新能源车险是财险业服务国家战略的责任担当

（一）发展新能源汽车是国家战略

　　新能源汽车是全球汽车产业转型升级、绿色发展的主要方向，也是我国汽车产业高质量发展的战略选择。党中央、国务院高度重视新能源汽车产业发展。习近平总书记强调，发展新能源汽车是我国从汽车大国迈向汽车强国的必由之路，要深化新能源汽车产业交流合作，让创新科技发展成果更好造福世界各国人民。李强总理指出，要优化支持购买使用政策，加快充电桩等基础设施建设，进一步释放新能源汽车消费潜力。

　　经过坚持不懈努力，我国建立了结构完整、有机协同的新能源汽车

产业体系，产销量逐年攀高，形成了新能源汽车与相关行业互融共生、合作共赢的良好发展局面。我国新能源车、锂电池、风电设备"新三样"已替代服装、家具、家电"老三样"成为出口主力军，我国已经成为汽车生产、出口第一大国，新能源车全球生产、出口占比也已双双超过60%。现在除特斯拉外，中国新能源车碾压其他国外车企，日、韩、欧、美传统车企纷纷寻求与中国新能源车企合作就是证明。

当前，全球主要汽车生产国纷纷加大政策支持力度，跨国车企也加大研发投入，导致我国新能源汽车产业竞争日趋激烈，亟须各行各业提高政治站位，全力支持新能源汽车产业高质量发展。

（二）做好新能源车险是财险行业政治性、人民性的重要体现，是保险行业高质量发展的重要组成部分

中央金融工作会议部署安排绿色金融、数字金融、科技金融、养老金融及普惠金融五篇大文章，三篇半都与新能源车险相关，凸显了新能源车险在财险行业经营中的重要地位。保险业高质量发展中，新能源车险的高质量发展路在何方？车险综合改革的"降价、增保、提质"三个关键词和新能源车险无关甚至相悖，新能源车险的发展质量不高，车险、财产险、货运险等险种的高质量发展都受到影响。我们看到国外的保险公司进入国内都是跟着产品、客户进来的，我国保险的全球化，也应该可以跟随新能源车的步伐"出海"。

中央金融工作会议特别强调了金融行业的政治性及人民性，财险公司经营好新能源车险服务国家新能源汽车战略就体现了政治性，满足大众对新能源车险的需求就是人民性。

如何平衡好人民对新能源车险质优价廉的美好愿望与新能源车险投保难、投保贵、理赔难现状之间的矛盾成为广大财险公司必须回答的重要课题。举例如下：一是2021年底保险行业发布新能源车专用条款，费

率急剧上涨，人们普遍反映"油换电节约的钱被保险涨回去了"，如何平衡？二是新能源车厂为了降低整车销售价，零配件集成化乃至一体式压铸是技术发展趋势，但导致了出险后维修及赔付成本飙升，进而导致定价上涨，如ModelY跳涨79%，如何平衡新技术应用与保险公司经营？三是新能源车前装设备支持UBI，实施UBI可以鼓励人们少开车、不开车，为什么保险行业至今未推出一款基于UBI驾驶行为及行驶里程的车险产品？

国家金融监督管理总局财险司下发《关于切实做好新能源车险承保工作的通知》，强调各财险公司要"提高政治站位，强化责任担当"，明确交强险不得拒保，商业险愿保尽保，险企须全面排查整改，不得在系统管控、核保政策等方面对特定新能源车采取"一刀切"等不合理的限制承保措施。

综上所述，财险行业及各财险公司必须经营好、服务好新能源车险。

（三）头部保险公司及部分中小保险公司的战略选择

从头部公司来看，人保财险在2023年中期业绩发布会上宣布，随着数据和经验的积累，和中小公司相比，人保财险经营新能源车险的优势进一步扩大。定价、渠道和理赔队伍上，人保财险也优势明显。平安财险注重精细化分析新能源车险，不断梳理新能源车险赔付高的症结，针对性地采取措施，不断改善经营状况。太保财险在2023年中期业绩发布会上表示，太保将专门设立新事业部来开展新能源车险业务，构建了"垂直管理、销服一体、生态合作、价值挖掘"四大体系，拆解后打造了16项经营能力，来解决当前面临的挑战，2023年上半年太保财险新能源车险同比增长65.1%。

对于小型保险公司，通常会采取更加灵活的策略来应对车险的增长。例如，阳光财险已经进入新能源车险领域，保费增长达到了80%；合众财险与吉利合资，各占50%的股权，主攻新能源车险；比亚迪收购易安，更名比亚迪财险，已取得车险资质，正蓄势待发；众安财险在新能源车险上寻求突破，新能源车险同比增长228.7%；众诚与广汽新能源品牌埃安紧密合作，承保、理赔、风控全流程管控，初显成效；泰康在线全面探索新能源车险经营路径；紫金保险与新能源车企长期合作，业务已经展开；华泰成立跨部门的新能源车险项目组；不少小公司通过车车科技在与蔚、小、理等造车新势力谈MGA方式合作。

总的来说，随着新能源车市场的不断扩大，保险公司需要采取更加灵活和系统性的措施来应对车险的增长。同时，他们也需要适应新能源车的特性，采用新的经营方法来提高效率和管理效果。

（四）把握本质，提升效率，守正出奇

从车险的经营本质分析，经营好新能源车险核心在于看清风险，算账经营，精细化管理。从保单成本率来看，依然等于保单赔付率＋销售费用率＋人力成本率＋固定成本率＋其他。与燃油车相比，新能源汽车的保单赔付率要显著高于传统燃油车，但相应的销售费用率要显著低于传统燃油车，如在北方某代理市场，燃油车销售费用率最高可达60%，但新能源车销售费用率普遍低于25%，当然与其保单赔付率普遍高于75%有关，实现了费用率与赔付率的此消彼长。

保险公司实现盈亏平衡的核心在于运用数字化技术实现运营效率的快速提升，最终压降人力成本率和固定成本率。新能源车的数字化有天然优势，所有数据都在三个平台上，包括国家的监测平台、地方平台和企业平台。这些数据可以用于监督车辆的运行状态、里程统计、出险情况等。通过这些数据，可以更好地了解车辆的运行情况，并为保险公司的决策提供支持。可以用于监督车辆的运行状态，防止骗保行为。还可以用于分析车辆的事故风险，帮助保险公司进行风险评估和定价。通过

数据应用，保险公司可以更好地服务新能源车主，提供更准确的估价、更快速的理赔等。

二、新能源汽车的结构原理和技术发展路线

（一）新能源汽车的定义及分类
1. 汽车行业及保险行业的定义

保险行业所指的新能源汽车，是采用非常规的车用燃料作为动力来源（或使用常规的车用燃料、采用新型车载动力装置），综合车辆的动力控制和驱动方面的先进技术，形成的技术原理先进、具有新技术新结构的汽车。新能源汽车包括纯电动汽车、增程式电动汽车、插电式混合动力汽车、燃料电池电动汽车、甲醇等合成燃料发动机汽车等。

汽车行业所指的智能网联汽车，是搭载先进的车载传感器、控制器、执行器等装置,并融合现代通信与网络技术,实现V2X智能信息交换共享，具备复杂的环境感知、智能决策、协同控制和执行等功能，可实现安全、舒适、节能、高效行驶，并最终可替代人来操作的新一代汽车。

2. 新能源汽车的分类

根据车辆动力形式不同，新能源汽车可以分为插电式混合动力汽车（Hybrid Electric Vehicle，HEV）、纯电动汽车（Battery Electric Vehicle，BEV）和燃料电池汽车（Fuel Cell Electric Vehicle，FCEV）三大类，其中插电式混合动力汽车又可分为串联式插电混合动力汽车（Series Hybrid Electric Vehicle，SHEV）、并联式插电混合动力汽车（Parallel Hybrid Electric Vehicle，PHEV）、混联式插电混合动力汽车（Series-Parallel Hybrid Electric Vehicle，PSHEV）。

纯电动汽车是只采用电力驱动的汽车，车辆的动力源是可充电的动

力电池。由于纯电动汽车只需充电不烧油，汽车本身不存在尾气排放带来的污染等问题，因而被视为新能源汽车的趋势。

串联式插电混合动力汽车的名称中"串"字可以简单理解为发动机和电动机是"串"起来驱动汽车的，也叫增程式混合动力汽车。这种驱动形式最大的特点是：发动机并不直接介入驱动，而是在电池电量不足或功率不足时带动发电机发电并将电能输入至电动机驱动车辆，多余电能会输入至电池包存储起来。

并联式插电混合动力汽车指的是发动机和电驱动系统可以各自分别驱动车辆行驶。其名称之中的"并"字可以简单理解为发动机和电动机是"并列"起来各自去驱动汽车的。这种驱动形式最大的特点是：发动机和电动机会有一个动力分配机构完成动力耦合。简单理解的话，并联式混合动力汽车是在传统燃油汽车由发动机＋变速器组成的动力总成的基础上加了一套纯电动汽车由电池包＋电动机组成的动力总成，二者共同驱动车辆行驶。代表车型奔驰 C350 插电版。

混联式插电混合动力汽车是在并联式混合动力驱动形式的基础上，从发动机的动力输出部分新增了一条能量传输路径：发动机除了可以驱动车轮，还可以通过发电机把能量传递到电池包。可以理解为混合了串联和并联两种驱动形式，也可以等同于在串联式混合动力方案的基础上增加了直接传动系统，从而可以在某些工况下让发动机直接驱动车辆。代表车型比亚迪宋 Plus DM-i。

燃料电池汽车通常以氢气、甲醇等为燃料，通过化学反应产生电能驱动电机进行工作，电机产生的机械能经过变速传动装置传给驱动轮，从而驱动车辆行驶。最终排放物只有水，为解决环保问题带来了新的可能。代表车型现代 NEXO。

（二）新能源车电池结构和技术发展路线

1. 动力电池系统定义

动力电池系统（动力电池 PACK，电池包）是为新能源汽车提供驱动电能的核心能量源，是新能源汽车最关键的零部件之一。动力电池系统实际上是一个统称，包含电芯、模组以及电池包三个层级。主要由电池模组、电气系统、热管理系统、结构件和 BMS 等零部件组成，通过箱体将电池模组、电气系统、热管理系统和 BMS 封装，构成动力电池系统主体。

2. 发展路径

对于纯电动汽车的大容量电池来讲，当下及未来主要发展路径有 CTP（Cell to Pack）、CTC（Cell to Classis）、CTB（Cell to Body）三种。其中 CTP 是指取消模组，将电芯直接集成为电池包，包内体系利用率比传统电池包提升 15%—20%，代表电池是 BYD 刀片电池、NIO75kwh/100kwh 电池以及 CATL 麒麟电池，特点是有利于换电。CTC 是指将电池、底盘和下车身进行集成化设计，也即电池底盘一体化设计，这样设计使得整车厂商具有核心技术优势，有利于减轻整体重量以及压降制造成本，代表电池是 Tesla 4680 电池以及零跑 C01 车型，特点是有利于快充。CTB 是指取消电池包上盖板，将车身底板与电池上盖板合二为一，体积利用率将比传统电池包提升约 66%，车辆整体质量也将有所减轻。代表车型比亚迪海豹，特点是有利于快充。

3. 动力电池装机量及技术创新路径

中国汽车动力电池产业创新联盟于 2023 年 1 月 12 日披露的数据显示，2022 年中国动力电池装机量 294.6GWh，同比增长 143.3%，环比增长 45.5%。三元电池累计装机量为 110.4GWh，占总装机量的 37.5%。磷酸铁锂电池累计装机量为 183.8GWh，同比增长 62.4%。其中，宁德时代装车量为 142.02GWh，占比 48.2%；比亚迪装车量为

69.1GWh，占比 23.45％。宁德时代和比亚迪合计市占率在 70% 左右，如表 1 所示。

表 1　2022 年 1—12 月国内动力电池企业装车量前十五名

序号	企业名称	装车量（GWh）	占比
1	宁德时代	142.02	48.20%
2	比亚迪	69.10	23.45%
3	中创新航	19.24	6.53%
4	国轩高科	13.33	4.52%
5	欣旺达	7.73	2.62%
6	亿纬锂能	7.18	2.44%
7	蜂巢能源	6.10	2.07%
8	孚能科技	5.36	1.82%
9	LG 新能源	5.20	1.77%
10	瑞浦兰钧	4.52	1.53%
11	捷威动力	2.43	0.82%
12	正力新能	2.36	0.80%
13	多氟多	1.76	0.60%
14	力神	1.52	0.52%
15	鹏辉能源	1.29	0.44%
合计		289.14	98.13%

当前主流的电池材料主要有三元和磷酸铁锂两大体系，逐步延伸出钠离子电池、M3P 电池、凝聚态电池、固态电池等。其中，三元 / 磷酸铁锂主要特点是材料体系优化，掺硅补锂，半固态和固态电解质应用，有利于提高能量密度和循环寿命。钠离子电池是一种二次电池（充电电池），主要依靠钠离子在正极和负极之间移动来工作，与锂离子电池工作原理相似，主要特点是三种正极路径各具特色，硬碳商业化应用，上游产业链逐渐成熟，提高电池能量密度和循环寿命，具有较为突出的成本优势及良好的安全性能，缺点是能量密度较低，仅 100—200Wh/kg，

循环性能不及锂电池。

采用更加创新的电池结构，可以使得同样的单体得到更高的能量密度，从模组开始，体积利用率 30%，现在的 CTP3.0 体积利用率可以达到 72%，未来一定会有更高的集成效率。

（三）新能源汽车的营销模式及主要产品

据中国汽车工业协会统计，2023 年，中国新能源汽车市场继续保持高速增长态势。全年新能源汽车产销量分别完成 958.7 万辆和 949.5 万辆，分别增长 35.8% 和 37.9%。其中，纯电动车的销量为 668.8 万辆，同比增长 24.6%；插电式混合动力汽车销量为 280.4 万辆，同比增长 84.7%。预计到 2028 年新能源汽车销量达到 1200 万辆，渗透率达到 50%。乘联会数据显示，2023 年 12 月新能源汽车当月销售 71.96 万辆，市场渗透率为 41.4%。2023 年中国新能源车出口世界第一，60% 的车在中国销售、60% 的动力电池由中国生产、70% 的专利技术在中国。高盛估计，2035 年，全球新能源车的市场渗透率将达到 50%。

三、新能源车险给财险公司经营带来的机遇与困境

波士顿咨询的调查数据显示，近几年新能源汽车渗透率的复合年增长率为 20%，年销量为 1200 万辆，其预测在 2025 年，新能源汽车的渗透率将达到 40%，但在 2023 年底我国的渗透率就已经超过 30% 了，表明我国实际发展速度可能更快。2022 年 8000 多亿元的车险保费收入中有 600 多亿元来源于新能源车险，签单数量超过 1000 万件，人均保费超过 4000 元，赔付率 81% 高于燃油车，赔付件数近 200 万件，案均赔款 4953 元，由车险行业第一梯队的三家公司占据了 71% 的份额。与传统的

燃油车车险格局相似，在新能源车险领域，大公司比中小公司更具备竞争优势。

随着新能源汽车行业的快速发展，车险市场也正面临着一场革命。对于财险公司乃至财险行业而言，新能源车险属于全新的险种，主要体现在承保、理赔及风险控制上与传统燃油车有显著的差异，也将随着智能化、网联化等发展趋势创造出一些全新的营销模式。具体如下：

（一）新能源汽车的承保风险

行业数据显示，2022 年新能源车险总保费规模约 650 亿元，商业险签单保费 1118 万件，商业险单均保费 4139 元，较燃油车单均保费提升约 81%，赔案件数 199 万件，案均赔款 4953 元。预测数据显示，2023 年新能源车险总保费将突破 1000 亿元，到 2030 年将突破 4000 亿元，占车险总保费的比例达到 30% 以上。随着保费存量的不断提升，围绕新能源汽车的新型承保理赔风险管控以及成本管控成为财险公司面前的重要课题。从基本核保特征进行对比我们发现，新能源汽车的风险特征及核保因子与燃油车相比有较大的差异，具体如下：

1. 新能源车投保人中女性占比显著高于燃油车

某头部险企调研及统计数据显示，纯电汽车消费者的女性比例提升至 39%，男性为 61%。插电混动汽车与燃油车相似，男性占了 72%，女性为 28%，四轮低速电动车则是男性比例小幅上升，占比达到 76%。汽车市场消费者男女比例详见图 1。

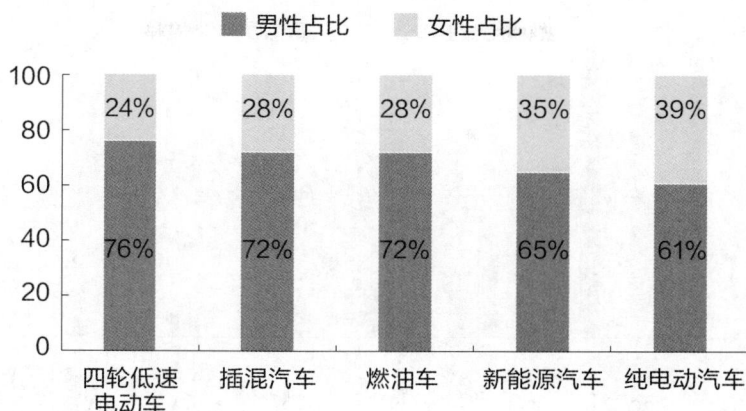

图 1　汽车市场消费者男女占比

2. 投保年龄偏年轻

新能源汽车车主投保年龄集中在 20—40 岁年龄段，相对燃油车车主（30—40 岁、50—60 岁）年轻，从驾龄曲线来看，新能源车新车投保人的驾龄曲线比燃油车右倾，可能是由于新能源车是第二台车的比例比燃油车高导致。新车驾龄分布详见图 2。

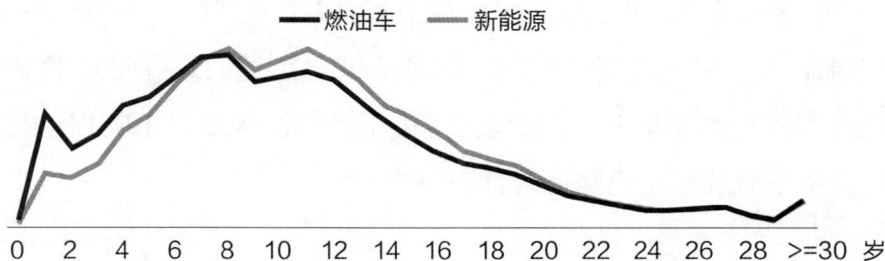

图 2　驾龄分布——新车

3. 汽车购置价两极分化

新能源车新车购置价在 5 万元以下和 15 万—40 万元区间的占比高于燃油车。其具体情况详见图 3。

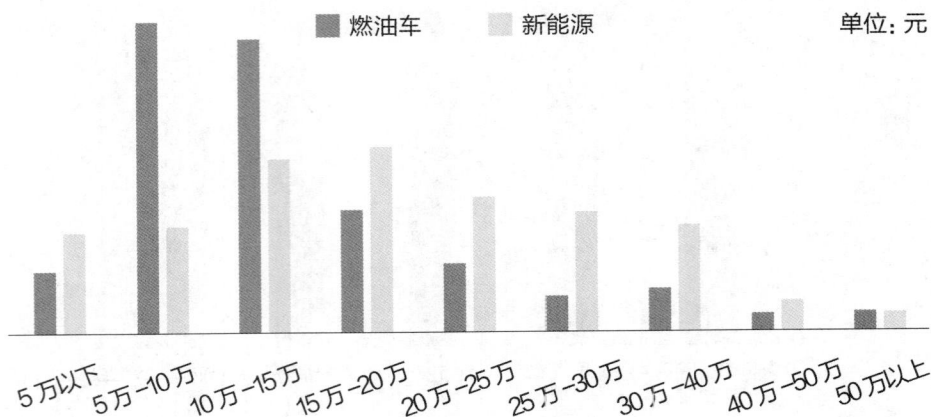

图3　新车购置价分布

4. 车身结构及自动驾驶

车身结构方面，新能源汽车车身部分、电气照明、底盘部分与燃油车比较类似。差异主要是能源系统，新能源汽车是三电系统，传统燃油车是油箱、发动机、变速箱系统。

自动驾驶方面，新能源车新车辅助驾驶（自适应巡航和车道居中功能）的渗透率高于燃油车；而从整体存量车来看，新能源车的渗透率更高。从核保端来看，几乎所有类型的新能源车的急加速、急减速和急转弯的风险行为都高于燃油车。从定价端来看，部分 L2 级及以下的自动化驾驶技术对密集车流的城市道路适应性有待提升。

（二）新能源汽车与传统燃油车的理赔逻辑差异

1. 新能源车中非合规网约车带来的赔付率风险较高

新能源汽车因其运行成本远低于传统燃油车，私人购买新能源汽车从事网约车等营运业务，导致保险公司面临更高的赔付风险。调查显示，新能源家用车中可能 10%—20% 是非合规网约车，某些品牌／车型的非合规网约车比例更高，导致该品牌／车型的赔付率较高。

根据国家金融监督管理总局陕西监管局发布的文件，"2023 年全国新能源车中家用车占比 73.8%，低于燃油车 11 个百分点，而登记使用性质为非营运的车辆中还有相当部分实际从事网约车等营运性质的工作"。

从风险管理角度分析，网约车风险之所以高，一是行驶里程较私家车长，二是行驶时间较私家车长，三是行驶路线不固定，四是风险意识不足，最终导致风险暴露比私家车要更大。不同性质车辆月均、日均行驶情况见图 4、图 5。疑似营业车案均金额分布见图 6。

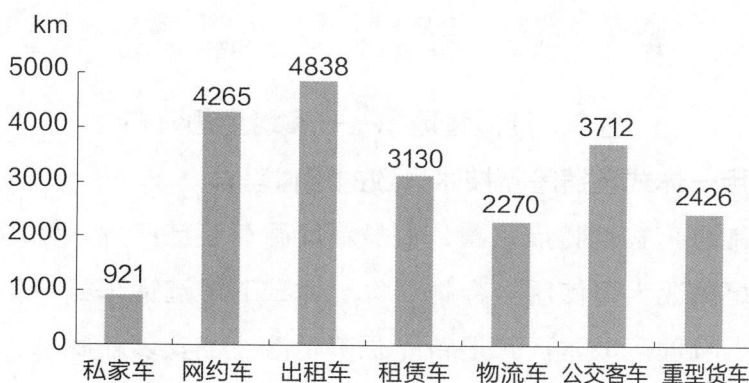

图 4　不同性质车辆月均行驶里程

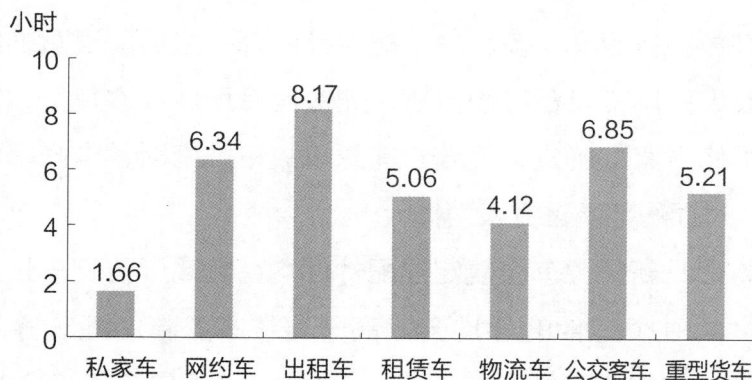

图 5　不同性质车辆日均行驶时长

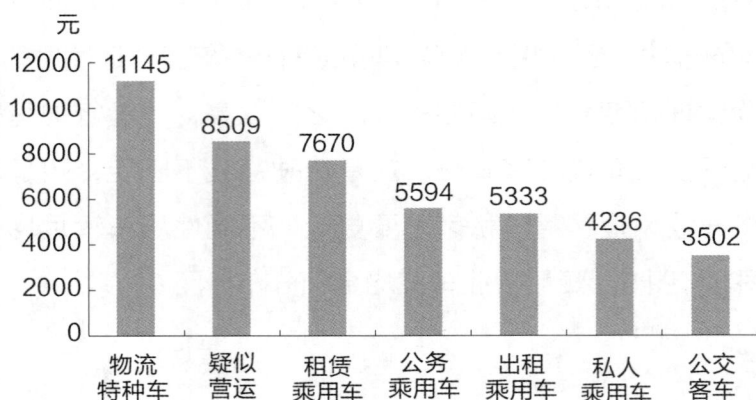

图 6   疑似营运车——案均金额分布

2. 广泛运用一体式压铸等新技术导致的赔付差异

从新能源车物理特点来看，很多新能源车制造商为减轻重量、压降成本，一是车辆大量使用复合材料、一体式的铸造铝车身，车身修复难度增加，影响理赔成本。二是新能源车电池往往安装在底部，更容易造成损伤，而电池本身成本高企。三是车身与电池一体技术开始大量应用（CTB），理赔风险增加。四是新能源车动力系统复杂程度远超燃油车，动力组合类型多（BEV、PHEV、FCEV、HEV）。五是新能源汽车主机厂技术开放有待提升，多数汽车配件维修都是主机厂自营维修厂进行维修，社会维修厂不具备维修资质，无法压降配件成本及工时等，乃至无法参与维修方案的确定，导致新能源事故车维修时，维修单位利用信息不对称，对损伤范围进行人为扩大。

配件方面，新能源车修复定损配件件均金额高于传统车且更换数量前 15 配件中 10 个配件的件均金额高于传统车。新能源车修复定损配件件均金额三年均高于传统车。其中 2022 年高于传统车 15.32%；新能源车更换数量前 15 配件中 10 个配件件均金额高于传统车，其中更换数量最多的前杠高于传统车 18.58%，更换数量第四的中网高于传统车 78.36%。其具体情况见表 2。

表2　2022年新能源车与传统车部分易损覆盖件对比

序号	配件名称	新能源车件均（元）	传统车件均（元）	较传统车件均（%）
1	前保险杠皮	796	671	18.58
2	前大灯（右）	1804	1551	16.30
3	前大灯（左）	1820	1562	16.51
4	中网	748	420	78.36
5	后保险杠皮	738	754	-2.13
6	发动机罩	1795	1628	10.22
7	前叶子板（左）	590	599	-1.48
8	前叶子板（右）	595	603	-1.33
9	前保险杠骨架	582	401	45.18
10	散热器框架	628	577	8.79
11	后保险杠骨架	427	458	-6.83
12	前叶子板内衬（右）	114	92	23.38
13	前叶子板内衬（左）	116	90	28.62
14	前保险杠内衬	89	84	6.55
15	前保险杠支架（左）	26	30	-13.42

　　对保险公司而言，特别是一线查勘定损人员而言，受新能源车技术快速更新迭代以及传统燃油车定损知识无法在新能源汽车上使用影响，动力系统、传动系统配件知识欠缺，导致不会查勘、不会定损、不会理赔的现象。修复定损配件件均金额情况见图7。

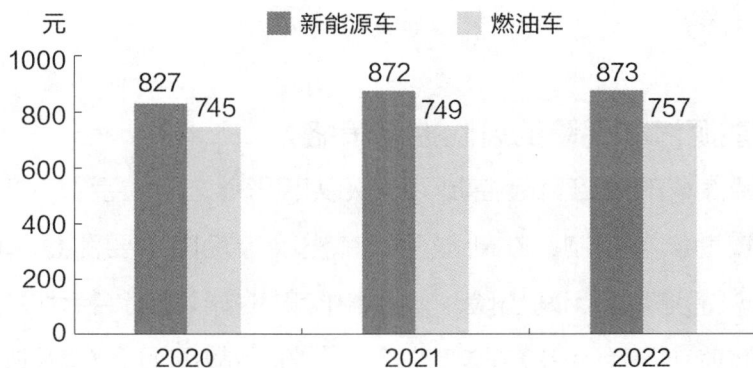

图7　修复定损配件件均金额

3. 新能源汽车的道德风险

老旧新能源车辆电池维修成本远超车辆实际市场价值；老旧新能源车二手车价格与保险金额出现价格倒挂；新能源二手车的承保金额与市场实际交易金额有很大差异，对应到理赔端会发生相应的"低价高赔"的道德风险，精友信息科技公司同国内二手车交易平台合作，通过 VIN 码和里程数可提供与二手车交易价格相当的车损价格，为打击此类欺诈提供有力依据。2020 年度纯电动新能源汽车保值增值率情况详见表 3。

表 3　2020 年度纯电动新能源汽车一年保值增值率排名

排名	全部品牌			国产品牌		
	品牌	车系	保值率（%）	品牌	车系	保值率（%）
1	特斯拉	Model X	90.21	蔚来	蔚米 ES6	73.5
2	特斯拉	Model 3	77.99	蔚来	蔚来 ES8	68.41
3	特斯拉	Model S	76.37	比亚迪	元 EV	67.51
4	蔚来	蔚来 ES6	73.5	荣威	Marvel X	63.7
5	特斯拉	Model 3(进口)	73.15	比亚迪	唐 EV	63.46
6	奔驰	奔驰 EQC	68.85	几何汽车	几何 A	62.06
7	蔚来	蔚来 ES8	68.41	长安	逸动 EV	60.49
8	比亚迪	元 EV	67.51	广汽新能源	埃安 Aion S	60.26
9	荣威	Marvel X	63.46	名爵	名爵 EZS	59.73
10	几何汽车	几何 A	63.7	欧拉	黑猫	58.99

资料来源：中国汽车流通协会，北京精真估信息技术有限公司，《2020 年度中国汽车保值率白皮书》

（三）新能源汽车保险的风险控制策略

新能源汽车的理赔风险控制可以从以下几个方面入手：

一是查勘风险控制，在新能源汽车出险查勘时，要注意车辆的实际出险时间，特别关注夜间出险、零点出险的欺诈风险，特别关注新能源汽车落水的欺诈风险，注意收集出险时的车辆故障码、车辆制动痕迹、历史故障风险，有条件的公司可以与北理新能源数据中心合作对出险轨迹等进行复原，特别是针对多次往返修理厂及出险地点、肇事逃逸追踪、延迟报案以及异地出险本地报案的异常轨迹进行复原。

二是欺诈风险控制，主要包括三电反欺诈和其他反欺诈。三电反欺诈主要包括重复索赔、电池损耗索赔、故意碰撞及故意拖底索赔等；其他反欺诈主要包括多次故意出险、出险后主动揽责以及虚构事故欺诈等。

三是加强附加险风险控制，主要包括出险后的倒签单风险，针对附加自用充电桩责任保险要特别关注出险地点，对附加火灾事故限额翻倍险要特别关注出险时间。

四是维修的渗漏管控，新能源汽车与传统燃油车最大的不同点在于新能源汽车只能选择主机厂或授权维修点进行维修，保险公司对于维修方案、维修配件以及维修品质管控话语权较弱，但依然要与外部专家一起合作严格管控维修方案、维修配件、维修工时、辅料，注意换件品质管控，注意收集维修前故障码。对于电池可以与外部第三方专家合作进行点对点精准维修。

综上所述，我们要有高度的历史使命感，聚合行业力量，与新能源汽车生态链的参与方诚挚密切沟通，通力合作，形成多赢的结局。这个过程可能很长，但经过我们的努力，实现国家的新能源汽车战略顺畅推进，建成低碳低成本的新能源用车环境，是完全有可能的。

作者谢跃系茶道燕梳创始人兼 CEO

作者郭兴系中煤财产保险股份有限公司战略企划部总经理助理

我国中小保险公司面临的问题、
国际经验与对策建议

方云龙　窦健　王少康

防范风险是金融工作的永恒主题，2023 年中央经济工作会议将中小金融机构风险列为当前中国经济需要统筹化解的三大风险之一。近年来，我国中小保险金融机构流动性风险频发，易安财险、华夏人寿、天安人寿、恒大人寿、天安财险等多家中小保险公司，都因经营不善、偿付能力不足而面临破产风险。与银行、证券、信托以及基金等行业相比，保险业中的盈利企业占比最低，且亏损额度最大，而且保险业行业集中度较高，按原银保监会口径 [1]，中小保险公司占行业经营主体的 85% 以上（财产险行业中 93.2% 为中小公司），亏损企业基本为中小保险机构。

保险公司的利润和流动性来自"三差"，其中"利差"即投资收益与承保成本之差，是我国保险公司盈利的重要，甚至是唯一支撑。但近年来，我国房地产行业周期性下行，地方政府债务风险逐渐暴露，人口结构步入深度老龄化阶段，投资边际报酬不断递减，利率水平不断走低，中小保险公司为抢占市场份额，在负债端和投资端都较为激进，面临严峻的资产负债错配风险，若处理不慎，极容易演化成流动性风险，进而造成中小

---

1. 根据原银保监会 2019 年开展的资产负债管理实践调研样本分层，中小公司泛指总资产规模低于 6000 亿元的保险机构（不区分财险／寿险），其中资产规模 1000 亿（含）—6000 亿元的为中型保险公司，资产规模 100 亿（含）—1000 亿元的为中小保险公司，资产规模 100 亿元以下的为小型保险公司。

保险公司的偿付能力危机，导致中小保险机构集中爆雷。保险产品多涉及居民养老和人身健康，保险公司一旦出现偿付危机将影响千家万户的基本生活保障，容易引发社会动荡。因此，要及时完善金融监管制度，坚持市场化、法治化原则，对偿付能力不足的中小保险机构及时进行兼并重组，探索差别化的保险资金运用监管制度，引导中小保险机构做好资产负债匹配管理，支持中小保险机构发展投资端全委托模式，让保险行业回归保险本源，更好地发挥保险行业经济减震器和社会稳定器功能。

一、我国中小保险机构发展现状与存在的问题

以原银保监会划分方式为基础，中国保险资产管理行业协会（以下简称中资协）在 2019 年发布了调研报告，将人身险公司按照总资产规模分为四类（因人身险公司资产规模较大，增设了中小型保险公司），将财产险公司分为三类。在中资协调研的 166 家保险公司中，中小公司占比 85%，其中财产险集中度更高，93.2% 为中小公司，人身险中 75.6% 为中小公司。可见，保险行业的集中度较高，中小保险公司数量占八成以上。其基本情况见表 1。

表 1　中国保险资产管理协会对我国保险机构规模的划分

类型	人身险			财险		
	标准	公司数	占比（%）	标准	公司数	占比（%）
大型	6000 亿元以上	6	7.7	1000 亿元以上	6	6.8
中型	1000 亿—6000 亿元	13	16.7	100 亿—1000 亿元	16	18.2
中小型	100 亿—1000 亿元	31	39.7	—	—	—
小型	100 亿元以下	28	35.9	100 亿元以下	66	75
合计		78	100		88	100

资料来源：中资协《中国保险资产负债管理监督、实践与发展》

保险公司利润来源主要来自三差，即利差、费差和死差。在成熟市场，如日本寿险公司，其利润主要来自死差和费差[2]，而中国保险公司具有"利差独大"的盈利模式，利差收益占整体盈利的比重基本在 50% 以上，比如 2020 年，利差占比太平寿险为 88.2%、新华保险为 58.6%、中国人寿为 54.5%、平安寿险为 40.7%。而我国中小保险公司普遍以理财型险种为主打产品，可以推测其利润来源更是主要依赖利差，因此中小保险公司的经营风险可以从投资管理角度展开分析。

（一）中小保险公司投资资产分布及其特征

数据显示，2021 年末，我国保险公司投资资产超过 1000 亿元的保险公司共有 23 家，其中寿险 20 家、财产险 3 家。财产险中，83 家投资资产合计 15417.23 亿元，投资资产前 3 名占行业投资资产的 6.78%，除前 3 家外都是中小公司。寿险业中，79 家公司投资资产合计 169883.23 亿元，前 6 家投资资产合计占比 74.51%，前 20 家投资资产合计占比 90.47%，寿险业有 6 家超大型公司和 14 家大型公司，其余都为中小公司。表 2 反映了保险公司 2021 年末投资资产分布情况。

表 2　保险公司 2021 年末投资资产分布

投资资产规模	产险公司数量	寿险公司数量
5000 亿元以上	1	6
1000 亿—5000 亿元	2	14
500 亿—1000 亿元	1	14
200 亿—500 亿元	5	13
100 亿—200 亿元	7	10
100 亿元以下	67	22

资料来源：《中小保险公司投资管理：现状、问题与建议》

2.1999—2002 年，日本寿险业死差益贡献超过 120%，费差益贡献超过 40%。

从投资分布上看，小型财险、寿险公司的投资资产平均规模仅为 27.58 亿元和 45.4 亿元，90 家小型保险公司的投资资产占整个行业的比重不足 2%，整体分布左偏特征明显。细分来看，由于财产险负债久期短，投资资产积累较慢，行业集中度远高于寿险业，财产险中 81% 的保险公司投资资产小于 100 亿元，而寿险业中小于 100 亿元投资资产的公司占比为 27.8%。

（二）中小保险公司经营管理存在的主要问题

1. 高度竞争环境下，中小保险公司在资产负债两端表现均较为激进。

如前文分析，保险行业市场集中度较高，中小保险企业，尤其寿险企业为了抢占市场，往往按照"高举高打"的模式，销售大量高定价利率、高费率的理财型产品，虽然短期看获得了保费，占领了一定市场规模，但保险公司卖出的保单类似一种"有价债券"，负债端的高成本，必然驱使保险公司在资产端更加冒进，通过不断提高风险资产占比，如信用下沉、投资权益市场等来缓解负债端压力。但随着人口结构的老龄化和城市化进程趋缓，我国房地产行业周期性下行，保险资金投资端踩雷频率明显增多。在投资收益下降的背景下，一旦承保端增长停滞，极易演化为保险公司的流动性风险。

2. 中小保险公司投资能力存在短板，但委托投资占比较低。

从大类资产配置能力和投资人员角度，可以发现中小保险公司的投资能力与金融同业存在明显差距。从大类资产配置能力角度，数据显示，截至 2021 年末，80 家中小财险中只有 5 家同时具备信用债和股票投资能力，占比仅为 6.25%；而 50 家中小寿险中仅有 11 家同时拥有信用债投资能力和股票投资能力，占比高于财险业 22%。从投资人员配备上，为降低团队建设成本，截至 2021 年末，仅有 30.41% 的保险机构投资人员配置充足，且大多数中小保险公司都是按照监管要求的最低人数来配备投资人员[3]。这种做法导致一旦发生投资团队人员变动，便会触发合规条款，不得新增相关投资管理业务。保险公司投资主要模式可以分为自主投资、自主加委托投资和全委托投资三类方式。从国际成熟市场看，在自身投资能力不足的情况下，采用委托方式进行投资管理既能够提升投资收益，又可以降低投资管理的成本。相关数据显示，截至 2019 年末，北美接近 20% 的一般账户资产通过委外管理，而英国和欧洲这一比例也达到了 12%。而且国际市场上规模越小的保险公司越倾向于选择委托投资模式，比如美国参与委外的 96% 来自中小公司。但中国与此完全相反，首先委托比例远远低于成熟市场，截至 2022 年末，保险业委外投资占比仅为 3.35%，且投资资产越小的公司越倾向于自主投资[4]，整体上拉低了保险业的投资收益率。

3. 中小保险公司资产负债管理能力不足，产品定价与资产管理缺乏联动。

为提升保险公司的资产负债管理能力，2018 年 3 月，原中国保监会正式下发了《保险资产负债管理监管规则（1—5 号）》，2019 年 8 月出台《保险资产负债管理监管暂行办法》，共同构成了较为完善的保险资产负债监管制度体系。经过 5 年多的建设，大部分保险公司都形成了基本的资产负债管理体系，但中小保险公司在产品定价与资产管理方面依

3. 比如，2021 年末，中小财险公司中，80% 的有信用投资能力的公司将信用评估团队按"配备至少 4 名信用评估人员"底线要求配置人员，60% 的有股票投资能力的公司股票投资规模不超过 10 亿元，并按照"专职人员不少于 12 人，研究人员不少于 5 人"的标准配置股票投研人员；11 家同时有股票和信用投资能力的中小寿险公司中，7 家信用团队为 4 人，其余 4 家为 5 人，股票团队也大多按照监管的底线要求设置人员岗位。将能力建设的人数设置在最低限额，一旦发生投资团队人员变动，就会触发"投资团队主要人员变动"，必须进行重大事项披露公告，不得新增相关投资管理业务。

4. 中资协 2018 年末的调研数据显示，小型、中型、大型和超大型公司分别有 56%、47%、43% 和 8% 的投资资产以自主投资的方式管理。

旧缺乏联动，资产负债"两张皮"的现象在中小保险公司中较为常见。具体表现在：第一，中小保险公司的"长钱短配"现象依旧较为普遍，目前寿险资产负债久期的缺口超过 5 年，资产负债错配长期存在。第二，专业人员不足。中资协 2020 年末的调研数据显示，中小保险公司有 3 年以上资产配置经验的专业人员数量较少，资产负债联动性差。第三，中小保险公司投资收益率低，资产负债管理难度更大。在高度竞争的市场环境下，中小保险公司在负债端的成本相对较高，导致其只能通过信用下沉和投资权益类标的要收益，而风险与收益相伴而行，这些投资标的的选择也蕴含了较高的投资风险，长期来看将导致中小保险公司资产与负债管理的恶性循环。

4. 中小保险公司治理整体较弱，内部监督制衡功能相对缺失。

首先，我国大量中小保险公司总体上股权较为分散，缺乏核心控股者。其次，伴随金融改革的推进，民营资本进入保险业，部分金融控股集团通过交叉持股等方式控制中小保险公司，让部分中小保险公司沦为大股东的"提款机"。最后，中小保险公司还存在公司治理结构失陷问题，董事会失去监督决策权，专业委员会难以发挥专业作用。

二、利率下行趋势下我国中小保险机构流动性风险逐渐暴露

近几年，我国三大市场基准利率[5]在政策利率引导下均呈现下降趋势，2023 年 6 月 13 日，7 天逆回购利率调低 10BP，至 1.9%；6 月 20 日，LPR 1 年期和 5 年期以上均下调 10BP，分别至 3.55% 和 4.2%；而我国 10 年期国债收益率 20 年来，保持波动下行趋势，从 2021 年开始跌破 3%

---

5. 分别是 DR007（银行间存款类金融机构以利率债为质押的 7 天期回购利率，代表短端利率）、改革后的 LPR（代表中长期利率）以及 10 年期国债收益率（远端利率）。

后，一直处于下行通道，目前在 2.65% 上下震荡。长期看，我国利率下降的趋势可能继续维持。最近几年，我国经济发展进入新常态，经济增长速度放缓，质量提升，财政货币政策保持宽松，各期限利率中枢下移明显。而从未来看，国内经济增速区间换挡，投资需求下降，人口老龄化加重以及国内外利差缩小等形势，都将长期压低我国利率。

利差益是我国中小保险公司收益的主要来源，而低利率环境下，中小保险公司面临再投资风险加大、估值压制以及盈利空间压缩等多方面压力。

以保险业监管的核心指标——偿付能力指标为例[6]，从图 1 可以看出，我国保险业 C、D 类风险综合评级的保险公司在近 3 年明显增多（C、D 类为偿付能力不达标类），2020 年共计 6 家，2021 年上涨到 12 家，2022 年上涨到 27 家，年复合增长率达到 112.5%，偿付能力不达标的险企均为中小保险机构，这也进一步佐证了利率下行背景下我国中小保险机构流动性风险正在逐渐暴露。

---

6. 风险综合评级，即监管部门对保险公司偿付能力综合风险的评价，衡量保险公司总体偿付能力风险的大小，分为 4 个类别：（1）A 类公司，偿付能力充足率达标，且操作风险、战略风险、声誉风险和流动性风险小的公司；（2）B 类公司，偿付能力充足率达标，且操作风险、战略风险、声誉风险和流动性风险较小的公司；（3）C 类公司，偿付能力充足率不达标，或者偿付能力充足率虽然达标，但操作风险、战略风险、声誉风险和流动性风险中某一类或几类风险较大的公司；（4）D 类公司，偿付能力充足率不达标，或者偿付能力充足率虽然达标，但操作风险、战略风险、声誉风险和流动性风险中某一类或几类风险严重的公司。

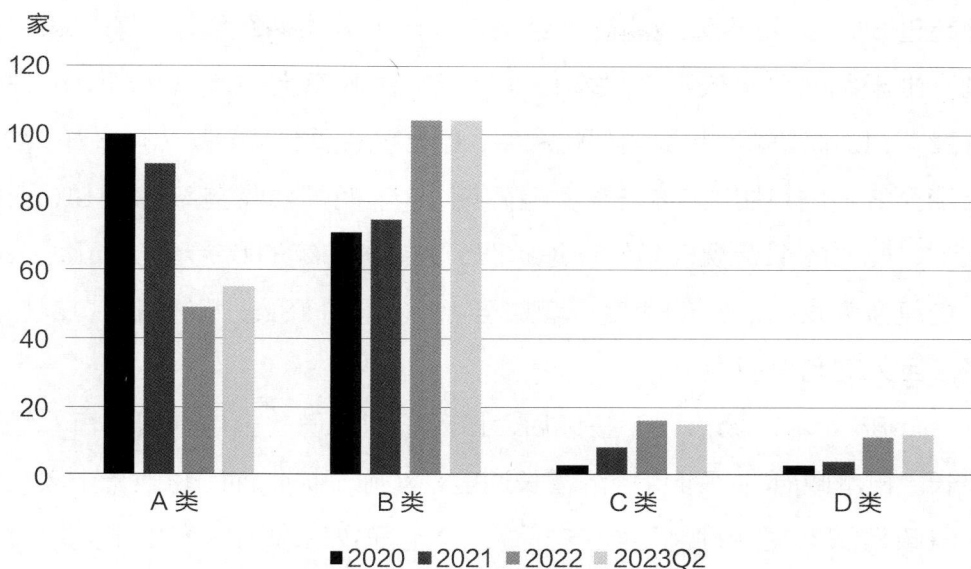

图 1　2020—2023 年第二季度我国保险业偿付能力风险综合评级

数据来源：国家金融监督管理总局

三、日本保险业的启示：从利差损破产潮到利源结构改善后的平稳发展

　　日本是保险业尤其寿险业大国，2019 年寿险保费全球第二，同期日本寿险深度 9% 左右，寿险密度超过 2600 美元，均高于发达保险市场平均水平。日本保险业经历了从利差损破产潮到利源结构改善后平稳发展的过程，可以为我国保险行业发展提供一定的经验启示。

（一）20 世纪 90 年代日本经济泡沫破灭后，利差损引发日本保险业破产潮

　　20 世纪七八十年代，宏观环境上，日本经济快速发展，GDP 年均增

速超过 5%，日本保险业也随着经济增长而得到快速发展，竞争也随之加剧。由于此时日本宏观金融本身就处于中高利率当中，而在竞争加剧的背景下，日本首先不断提高预定利率，寿险产品预定利率从 70 年代的 4%，上涨至 80 年代中期的 6.25%，但同期 10 年期国债收益率围绕 5% 上下波动，此时的保费规模虽然迅速扩张，从 1970 年的 5.9 万亿日元，按照年均复合增长 16.8% 的速度，增加至 1990 年的 131.6 万亿日元，但也埋下了巨大的利差损隐患。

1985 年《广场协议》签订后，日元迅速升值，出口拖累了日本经济增长。日本政府为了维持经济增长速度，实施了扩张性的财政货币政策，这些政策虽然短期抑制了经济下滑，但也导致日本国内产生了大量过剩资本，股价、房价开始迅猛攀升，从 1985 年到 1989 年，日本股票上涨了 240%、土地价格上涨了 245%。随着资产泡沫的过快上涨，日本民众要求刺破泡沫的舆论导向十分激烈。1989 年，三重野康上任日本央行总裁后在 8 个月内加息 3 次，并对土地金融实施总量控制，资产泡沫被刺破，居民资产缩水以及收入下降让日本国内消费需求萎缩，GDP 增速进一步下滑，并于 1993 年出现负增长。为刺激经济恢复，日本多次下调市场基准利率，从 1990 年的 6% 降至 1995 年的 0.5%。与此同时，日本 10 年期国债收益率持续走低，从 1990 年的 7% 一直降到 21 世纪初的 1.5% 左右。

日本经济的持续低迷以及利率不断走低让日本保险行业的资产负债两端双向承压，前期积累的大量高预定利率的保单成为巨大负担，截至 1999 年，日本主要寿险公司预定利率仍维持在 3%—4.2%，但资产端平均收益率仅为 0.5%—3.3%，日本寿险业遭受了巨额利差损，其具体情况详见表 3。

表3 日本寿险业"利差损益"情况

三差占比	1999年	2000年	2001年	2022年
费差	50.5%	48.8%	39.95%	33.57%
死差	111.3%	122.97%	136.93%	128.33%
利差	−61.87%	−71.78%	−76.89%	−61.90%

资料来源:《日本寿险业研究》

在利差损压力下,大型保险公司可以通过早年经营盈余和费差、死差益来补贴巨额利差损,但中小保险公司由于市场规模小,产品单一,往往面临流动性危机,只能宣告破产,2000年,第百生命等5家日本保险公司集中破产。表4反映了日本寿险业破产情况。

表4 日本寿险业破产情况

公司名称	日产生命	东邦生命	第百生命	大正生命	千代田生命	协荣生命	东京生命	大和生命
成立时间	1909年	1898年	1915年	1914年	1904年	1935年	1895年	1911年
破产时间	1997年	1996年	2000年	2000年	2000年	2000年	2000年	2008年
破产前资产总额(亿日元)	20609	284046	21885	2044	35019	46099	10150	10000
破产后资不抵债额(亿日元)	3000	6500	3200	365	5950	6895	325	2695
破产前预定利率(%)	5.5	4.79	4.46	4.05	3.7	4	4.2	—
破产后预定利率(%)	2.7	1.5	1	1	1.5	1.75	2.6	—

资料来源:《避免寿险业危机在中国重现》,笔者整理

(二)低利率背景下日本保险业改善资产负债两端,实现利源改善后的平稳发展

经济泡沫破灭后,日本经济陷入长期低增长,伴随人口结构向深度老龄化转变,利率环境长期下行。经过破产潮洗礼的日本寿险业也积极转型,逐步实现了利源改善后的平稳发展。在承保端,首先,下调预定利率,与长端利率走势趋同。2001—2012年新保单利率为1%,2013年进一步下降至0.5%。其次,产品结构转型。一是产品重心从储蓄型产品

向纯保障型产品转型。2001—2019 年，日本 65 岁以上人口比重同期上升至 28%，进入超级老龄化社会，随着日本人口结构向老龄化转型，市场对保障类医疗保险、终身保险以及癌症保险的需求不断增加[7]，在少子化驱动下，保险需求从利他向利己转变。二是积极开拓海外市场提振保费。日本生命、明治安田等多家保险公司在进入 21 世纪后加快海外布局，通过设立海外子公司、收购、参股境外保险公司等方式提振保费。

在资产端，日本保险业总投资资产稳步提升，资产配置上以国债为主，同时不断提高海外投资比例。2008—2019 年，日本寿险业总投资资产以年均复合增长 2.1% 的速度增加至 392.7 万亿日元，国债配置比例平均在 30% 以上，外国证券的配置比例不断提升，同期按照年均复合增长 8.5% 的速度增加至 98.1 万亿日元，占比达到 25%，成为配置比例第二高的资产门类。这一阶段，日本寿险业配置风格较为稳健，提前锁定长期收益率，重视资产负债匹配，并逐步实现利差益。日本寿险业收益率相关情况详见图 2。

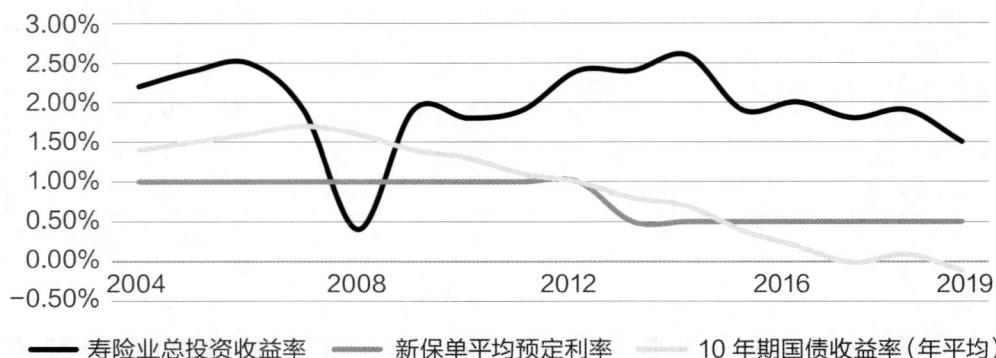

图 2　日本寿险业总投资收益率、新保单预定利率与十年期国债收益率

数据来源：LIAJ、wind、兴业证券，笔者整理

7.2008—2019 年医疗保险保单在个人寿险中占比从 17.9% 持续上升至 21.5%。2019 年，以住院和手术为基本保险的健康保险的有效保单数量为 4048 万份，同比增长 5.1%。癌症险有效保单数量从 2008 年的 1860 万单年复合增长 6.5% 至 2019 年的 2535 万单。

四、完善监管制度，防范中小保险机构破产风险蔓延

近年来，中小保险金融机构流动性风险频发，利差损成为引发中小保险机构偿付能力危机的诱因，而在市场利率不断走低的背景下，业务经营粗放、资产负债匹配管理较弱、投资能力建设不足以及资金委托比例偏低又是造成中小保险机构利差损的主要原因。按照之前的经验，我国保险机构因偿付能力危机破产后，基本由国家兜底（国央企注资），这种做法一方面容易诱发道德风险，另一方面也给国家财政造成额外压力。日本保险业发展历程较长，也经历了从利差损破产潮到利源结构改善后平稳发展的完整阶段，可以为中国化解中小保险机构风险提供有益启示。

（一）坚持市场化风险处置原则，多措并举缓解偿付能力压力

依赖国家兜底救助破产的中小保险机构一方面会诱发道德风险，另一方面也给国家财政造成额外压力。处置中小保险机构风险要坚持市场化原则，一是对偿付能力不足的中小保险机构要及时破产重组。通过同业兼并重组，将中小保险机构风险限制在行业内部，并通过做大规模降低合规成本，缓释风险。二是加强中小保险公司的合作，建立行业共保体，抱团取暖，提升风险分散能力的同时提高公司声誉。三是加强再保险转分保业务安排，再保险是保险的保险，是保险市场的稳定器。中小保险公司可甄选优质业务与再保险公司进行合作互换，互相支持，达成共赢；同时要利用再保市场及时做好业务分保，分散经营风险，缓解偿付能力压力，推进公司稳健经营。

（二）引导中小保险机构布局产品转型，推动保险业回归本源

保险的本质是互助共济、风险分散，其最终目的是为人民群众提供

风险保障。日本保险业在经历了利差损拖累下的破产潮以及人口年龄结构转变后，也逐渐回归了保险本源，重视保障型保险产品的开发和销售，死差和费差成为保险公司的主要利润来源。"船小好掉头"，中小保险机构具备战略调整灵活的优势。当前，我国 65 岁以上人口已经超过 14% 的国际警戒线，步入深度老龄化社会，因此建议：一是政策层要鼓励中小保险公司深入了解大众在老龄化和少子化背景下的需求和痛点，积极布局产品转型，与大型保险公司开展差异化竞争，重点关注保障类医疗保险、终身保险以及癌症保险，开发更有针对性的保障服务；二是监管部门要在销售渠道、销售费率等方面给予一定支持，推动中小保险机构坚守定位，回归本源。

（三）探索差别化的保险资金运用监管模式，为中小保险公司降低运营成本

中小保险公司资产规模较小，运营成本较高，如果在资金运用监管方面"一刀切"，显然不利于中小保险公司健康发展。因此建议：一是监管部门探索实施差别化的资金运用模式监管，根据不同的投资战略选择，对中小公司的投资模式、岗位设置、系统配置等方面进行差别化监管。简化对中小保险公司在低风险投资的操作要求；二是充分发挥行业自律组织的作用，比如发布通用性报告模板和操作规范等方式，将合法合规与内部控制区别开来，适应中小公司分工不足的特征。

（四）用好保险资产管理公司，积极引导中小保险机构发展全委托资金运作模式

保险资金是典型的配置型资金，规模越大越有利于摊薄运营成本。保险资产管理公司是专门运作保险资金的法人金融机构，我国目前共有 34 家保险资管机构。因此建议：一是要用好保险资管机构，尽快明确全

委托的政策地位，赋予其合法性，避免投资上的重复建设，降低交易成本，为保险公司参与全委托扫清制度障碍，同时加强公司治理，防止大股东觊觎保险资金运用；二是保险资管机构自身也要加强专业化建设，提供综合性的资产配置、税收筹划、会计分类、偿付能力优化等服务，在无风险资产收益率不断下调的背景下，加强权益类资产和海外资产的投研能力，为中小保险机构提供可信赖的资产管理服务。

（五）加强公司治理，优化中小保险公司股权结构

一是加强中小保险公司信息披露要求。提高公司治理信息透明度，针对大额保单、关联交易以及高频交易等行为要建立定期公示制度，更好地发挥舆论和金融监管的作用，抑制中小保险公司风险行为；二是形成合理的股权结构，构建有制衡机制的公司治理架构，重视股权穿透管理。股权结构要能形成内在的制衡机制，监管机构对股东资质、实控人和最终受益人做好穿透摸排，禁止有不良投资记录或者杠杆率高的企业入股；三是加强"三会一层"建设。要对董事会、监事会和高管层人员进行严格背调和审查，从领导层面优化"三会一层"质量，提升董事会的制衡能力，提高内部监督的有效性。

作者方云龙系中国再保险（集团）股份有限公司与中国人民大学联合培养博士后

作者窦健系中国再保险（集团）股份有限公司战略发展部经理助理

作者王少康系北京金融街研究院青年研究员

Observation
of Insurance
Risk

从股权受让案看保险资金在此种投资中的风险

张韧

　　为加大保险资金对实体经济股权融资支持力度，提升社会直接融资比重，自 2020 年 11 月 12 日起，取消了保险资金财务性股权投资的行业限制，允许保险机构自主选择投资行业，对拟投行业不再作禁止性规定，而是禁止投资存在"最近三年发生重大违约事件"等 10 种情形的企业。可投行业增多的同时，投资风险也会增加，本文从一起最高人民法院审结的股权转让纠纷浅述所涉风险及处理方法。

一、案情简介

　　广州公司是北京公司的全资子公司，保险公司拟通过受让北京公司持有的广州公司部分股权的方式成为广州公司的股东，于是北京公司、保险公司、广州公司在 2014 年 12 月签订《股权转让协议》，约定由保险公司出资 6.48 亿元占广州公司 30% 股权。同日，保险公司与杨某（广州公司实际控制人）、北京公司、广州公司签订《〈股权转让协议〉之补充协议》，约定如 2015 年广州公司业绩达不到 2 亿元，北京公司应根据 2015 年的审计报告向保险公司支付业绩补偿款，且杨某、北京公司、广州公司共同保证广州公司自协议签订之日起一年内将与上市公司进行重组，重组后保险公司所持广州公司股权全部转换为上市公司股权，并就重组和广州公司的经营业绩制定了相应的对赌条款。

2015 年 12 月，北京公司与杨某、保险公司签订《补充协议》，约定：北京公司应补偿保险公司现金总额逾 3.7 亿元（后经计算最终确定为 3.65 亿元）。由杨某将其向上市公司转让广州公司部分股权所取得的转让款中的 2.7 亿元借予北京公司，用来偿还北京公司所欠保险公司的第一笔补偿款 2.7 亿元，该款项在上市公司支付至杨某账户之日起 2 个工作日内划付至北京公司账户，北京公司在收到之日起 2 个工作日内支付给保险公司；北京公司在 2016 年 12 月 31 日前支付剩余补偿款（具体金额以经审计实际净利润计算估值后调整过的金额为准），为了担保北京公司履行该笔还款义务，杨某将其所持的北京公司全部股权质押给保险公司，并在第一笔补偿款（2.7 亿元）支付之日起 5 个工作日内完成质押登记手续；在上市公司完成收购广州公司后，北京公司、杨某、保险公司、广州公司于 2014 年 12 月签订的《〈股权转让协议〉之补充协议》终止。

2017 年 7 月，上市公司分两次向杨某支付股权转让款共计 1.2 亿元，2018 年 7 月 9 日，又向杨某支付股权转让款 3.8 亿元。

因保险公司始终未能收到业绩补偿款，遂将北京公司、杨某诉至北京市高级人民法院，要求北京公司支付业绩补偿款 3.65 亿元及逾期利息；杨某承担连带及担保支付责任。

二、争议焦点

保险公司认为：一是广州公司未能达到承诺的业绩，北京公司应按《补充协议》的约定支付业绩补偿款。二是杨某应按《补充协议》的约定，承担给付和担保责任。三是第一笔补偿款 2.7 亿元的逾期利息应从 2017 年 1

月 1 日起算。

北京公司和杨某认为：一是《补充协议》的业绩补偿条款是保底条款，属于无效条款，北京公司不应向保险公司支付业绩补偿及相关利息。二是《补充协议》约定杨某的义务是借款给北京公司，不是担保，不应承担担保责任。三是合同约定杨某将其持有的北京公司股权质押给保险公司，合同签订时该质押对应的债务数额处于不确定的状态，故质押权并未成立。四是保险公司应在 2017 年 1 月 5 日向杨某主张履行质押登记手续。但其至今未提出过，至 2020 年 1 月 5 日已满三年，已过诉讼时效，保险公司此项权利已经丧失。

三、法院判决

北京市高级人民法院判决：北京公司给付保险公司业绩补偿款 3.65 亿元，并支付利息（其中 2.7 亿元的利息自 2018 年 7 月 12 日起算，0.95 亿元的利息自 2017 年 1 月 1 日起算）。

判决理由：一是《股权转让协议》《〈股权转让协议〉之补充协议》《补充协议》，实际上是保险公司与北京公司签订的对赌协议，是各方的理性选择和商业判断，应尊重各方的自治行为。协议并不损害广州公司及其债权人的利益，也不违反法律法规的禁止性规定，是当事人的真实意思表示，协议有效。北京公司未按照《补充协议》的约定如期向保险公司支付业绩补偿款，应当对逾期付款部分承担相应的利息。二是就第一笔补偿款 2.7 亿元，杨某与北京公司之间是借款的法律关系。剩余补偿款在《补充协议》中明确约定由北京公司支付给保险公司。故杨某对北京公司的债务不承担连带责任。三是剩余补偿款金额未确定，各方也未就股权质押签订相关的担保合同。《补充协议》也没有约定有关质押合同的相关具体条款，故杨某与保险公司之间的股权质押合同未成立。

最高人民法院改判：第一，北京公司给付保险公司业绩补偿款 3.65 亿元，并支付利息（其中 2.7 亿元的利息自 2018 年 7 月 12 日起算，0.95 亿元的利息自 2017 年 1 月 1 日起算）。第二，杨某对北京公司应付保险公司业绩补偿款中的 2.7 亿元及自 2018 年 7 月 12 日起的利息，承担共同清偿责任；对 0.95 亿元及自 2017 年 1 月 1 日起的利息，在其持有的北京公司股权价值范围内承担赔偿责任。

判决理由：（一）虽然剩余补偿款数额在《补充协议》签订之时未确定，但《补充协议》约定了明确的数额计算方式，《补充协议》中的股权质押条款包含被担保债权的数额、履行期限、质押财产的名称、数量、交付时间、担保范围等，故双方之间订立的股权质押条款成立。（二）《补充协议》虽然没有杨某为北京公司的债务承担担保责任的表述，但从约定杨某借款给北京公司专项用于向保险公司支付补偿款，以及有北京公司与杨某无条件同意履行还款义务的表述来看，杨某向北京公司提供借款是保险公司实现第一笔补偿款债权的直接来源和保障，对于保险公司而言，三方达成了由杨某代北京公司支付 2.7 亿元的共识。（三）《补充协议》明确约定了第一笔补偿款 2.7 亿元来自上市公司支付给杨某的股权转让款，该款项的支付时间并非杨某、北京公司所能控制，对此保险公司并未在协议条款中对该款项实际到账时间不确定的风险作出相应约定，视为保险公司接受该笔款项实际到账时间晚于剩余补偿款支付时间的风险。故 2.7 亿元款项的逾期利息从杨某收到上市公司股权转让款的次日起算，并不违反合同约定，也不超出当事人对于交易风险的正常判断。（上市公司作为有独立请求权的第三人也参与到本次诉讼中，因针对其诉求的司法观点已体现在原被告的争议中，加之为了简化案情，突出重点，已省略。）

四、案件评析

第一，最高人民法院的判决增加了实控人杨某对于北京公司应给付保险公司的业绩补偿款需承担清偿责任。一审时保险公司的诉讼请求是要求杨某承担"连带及担保支付责任"，这样的表述很容易让人认为杨某是北京公司全部业绩补偿款的担保人，一审时双方对于杨某是否为担保人进行了论辩，法院也对此进行了论述，最终没有认定杨某是担保人，没有判决杨某承担任何责任。

《补充协议》对第一笔补偿款 2.7 亿元来源的约定是：杨某同意将其向上市公司转让广州公司部分股权所取得的现金对价中的 2.7 亿元借予北京公司，该借款用途仅供北京公司偿还所欠保险公司的第一笔补偿款 2.7 亿元。由此可见，杨某对该笔补偿款并没有提供担保的意思表示，其与北京公司间是指定了借款用途借款关系。该协议还约定，保险公司对杨某和北京公司接收此笔款项的银行账户进行监管，以及北京公司与杨某无条件同意届时履行还款义务。从这些约定可看出杨某签订《补充协议》是要与北京公司共同保障保险公司能取得业绩补偿款，对 2.7 亿元补偿款以债务加入的方式承担还款责任，而非以担保人身份承担担保责任。在这点上一审时保险公司诉讼思路出现偏差，将争议焦点放在是否成立担保关系上，导致一审法院没有支持保险公司的主张。

《补充协议》中杨某对剩余补偿款提供股权质押的约定是：北京公司应在 2016 年 12 月 31 日之前支付剩余补偿款，为了担保北京公司履行该还款义务，杨某将其所持有北京公司的全部股权质押给保险公司，并在第一笔补偿款支付之日起 5 个工作日内完成质押登记手续，北京公司及杨某应履行善意配合义务。出质人进行质押担保时可以单独签订合同，也可以在主债权合同中直接约定与质押相关的条款，所以有无单独的质押合同并不是判断是否成立质押的标准。本案中的《补充协议》约定了剩余补偿款的计算方式、给付期限、质押财产名称、数量、登记时间、担保范围等成立质押关系必备的内容，但没有办理质押登记，以致股权质押条款虽成立，但质权未有效设立。杨某作为出质人，没有履行主动登记的合同义务，导致保险公司未来无法以股权的交换价值享有优先受偿权，应承担违约责任，责任范围为约定的应质押股权的价值，即以其所持北京公司的全部股权（杨某持有北京公司 76.8% 股权）价值为限对 0.95 亿元承担赔偿责任。

综上，二审改判增加杨某也承担还款责任，并不是基于担保关系，两级法院虽然对股权质押是否成立认定不同，但都认定杨某不是担保人。杨某未按《补充协议》的约定借款给北京公司和办理质押登记，构成违约，应承担赔偿责任。对于 2.7 亿元，杨某不仅存在违约情形，还因其加入该债务而应与北京公司共同承担清偿责任。不论是赔偿责任还是清偿责任，对保险公司而言只能获得 2.7 亿元，不能获得两份 2.7 亿元。

第二，第一笔补偿款 2.7 亿元的逾期利息起算时间。保险公司上诉要求改判从 2017 年 1 月 1 日起算 2.7 亿元的逾期利息。《补充协议》约定，北京公司应在 2016 年 12 月 31 日之前支付剩余补偿款。按常理作为第一笔补偿款的 2.7 亿元的支付时间自然要早于 2016 年 12 月 31 日，据此保险公司的要求有一定依据。但从《补充协议》的约定可知，保险公司明知且同意 2.7 亿元需由上市公司支付给杨某后，再由杨某借给北京公司，才能给付自己。该款项的支付时间首先取决于上市公司何时付款，对此保险公司没有在协议中对实际到账时间不确定的风险如何处理作出约定，则视为保险公司能够接受该款项实际到账时间晚于剩余补偿款支付时间。所以，两级法院皆认定 2.7 亿元款项的逾期利息从杨某收到上市公司股权转让款的次日起算，没有支持保险公司的主张。

像本案这样所涉金额巨大时，利息起算时间若晚 19 个月，金额相差不菲，也会成为各方争议焦点。本文写出法院如何认定利息起算时间，意在展示法院在此问题上的裁判观点，而且两级法院是一致的。由此提示读者，以第三方的履行作为相对方付款条件时，要考虑到第三方违约对己方的影响，并约定好处理方法。对于本案中利息的起算，笔者观点：2017年7月上市公司分两次向杨某支付股权转让款共计1.2亿元，既然杨某收到了部分转让款，则应按《补充协议》的约定，及时将收到的款项借给北京公司，再支付给保险公司。因为协议并没有约定2.7亿元必须一次性全部支付，在上市公司分期付款的情况下出于诚信守约、条款本意的考量，此1.2亿元的利息起算时间提前到2017年7月是合理合法和公平的。

五、执行情况

为保障自身权益的实现，保险公司在审判阶段已冻结杨某所持的上市公司股票。判决生效后，经保险公司申请，北京市高级人民法院裁定由北京市第二中级人民法院予以执行。2022年9月16日，该院发布股票竞买公告，却因上市公司提出异议，股票拍卖被撤销。后上市公司以保险公司为被告、北京公司和杨某为第三人提起案外人执行异议之诉，请求法院停止对杨某名下股票的执行，并解除对股票的冻结，该案于2023年7月开庭，案件结果尚未可知。经笔者查询上市公司公开信息，截至2023年9月30日，杨某所持股票数量并无变动，保险公司还未实际取得业绩补偿款3.65亿元及利息。

六、风险提示

（一）对赌协议的效力

投资方为保障自身利益，通常会要求融资方、其实控人、股东等签署对赌协议，对一定期限内的业绩进行承诺，若不能达成则回购投资方股权，或对投资方进行补偿，这是投资活动中的通行做法。起初法院对此持否定态度，认为对赌协议使得目标公司不论经营如何、是否盈利，投资方都稳赚不赔，有违共负盈亏、共担风险的原则，依据最高人民法院的《关于审理联营合同纠纷案件若干问题的解答》（1990 年 11 月 12 日发布，2021年 1 月 1 日失效），此类保底条款无效。后来随着经济发展，对赌协议的使用越来越普遍，在较长一段时间里，法院就对赌协议效力的认定并不统一，直到 2019 年 11 月 8 日，最高人民法院发布《全国法院民商事审判工作会议纪要》（简称九民会议纪要），专门明确了对赌协议的概念、签订主体、审判原则、与目标公司对赌时的审判规则。统一了审判观点：与目标公司股东或实控人订立对赌协议的，若不存在其他无效情况，对赌协议有效。与目标公司对赌的，需同时适用合同法和公司法，进行股权回购时，股东不得抽逃出资、要完成减资程序等股份回购的强制性规定；进行金钱补偿时，要符合公司利润分配的强制性规定。从司法审判角度为对赌协议正名，结束其身份不明、遮遮掩掩的尴尬处境。

保底条款与对赌协议主要区别：前者的资金提供方意在收回投资款本息，与其他目标公司的盈利状况无关；后者的投资方着眼于通过股权退出渠道获得收益（目标实现）或者获得资金补偿（目标未实现），其投资回报和目标公司的经营业绩直接挂钩。另外，资金提供方对业务的参与程度不同。前者的资金提供方一般不对目标公司经营活动加以直接干涉；而后者的投资方往往会深度参与目标公司的经营发展，例如载入股东名册、委派人员参与公司治理、任用高级管理人员等。

本案一审时审判机构认定对赌协议有效已成共识，加之对赌方是目标公司股东和实控人，采用经济补偿方式，这样应适用合同法，无须考虑公司法，比较简单易操作。若与目标公司对赌，一定要先了解目标公司章程，对赌条款的设计不要与公司章程和公司法产生冲突。对赌方和对赌方式的选择直接影响投资方权益实现的复杂程度。

（二）担保条款的制定

典型担保方式有抵押、质押、留置、保证、定金，非典型担保方式有保兑仓交易、让与担保等。若说对赌是保障实现预定收益的，担保则是保障收益实际取得的。本案中保险公司虽然设计了担保，主张杨某对 2.7 亿元提供了非典型担保，对剩余补偿款提供了质押担保，但皆未能得到法院支持，没能起到担保效果，主要是语言表述和担保设立程序上出现偏差。

针对 2.7 亿元的条款内容是杨某同意将取得的股权转让款中的 2.7 亿元"借予"北京公司，"仅供"北京公司"偿还"所欠的 2.7 亿元。如此表述明显表达了借款并指定借款用途之意，无法体现出他有提供担保的意思。若表述为"杨某同意为北京公司应支付给保险公司的第一笔业绩补偿款 2.7 亿元提供连带责任保证"，这样就能明确体现杨某提供担保的意思表示、担保方式、担保范围，不会产生歧义，不用担心法院作出其他认定。另外，选择担保方式时优选典型方式，慎用创新型方式，因为创新的形式在法律界定上观点往往不统一，法律适用也存在不确定性，风险自然远大于典型方式。增加确定性是制定合同、斟酌文字的重要目标之一。

针对剩余补偿款条款内容是：为了"担保"北京公司还款，杨某将其所持有的北京公司全部股权质押给保险公司，并在第一笔补偿款支付之日起 5 个工作日内完成质押登记手续，北京公司及杨某应履行善意配合义务。此表述既明确表达了担保之意，又有担保方式，但约定办理质押登记是在第一笔款支付后。笔者对此很费解，只有办理了股权质押登记才表示此种担保设立了，否则起不到担保的法律效果，无法就该股权转让款享有优先受偿权，如此设计登记程序对保护债权人利益很不利。保险公司可以约定，在杨某能进行质押登记的第一时间办理，或约定一个固定时间，逾期不登记则承担违约金并采用另一种担保方式或其他能保护自己利益的方案，这样既能督促出质人积极登记，又为自己留有其他解决方案。总之，要考虑可能发生的各种情况，确保所选担保方式能最快有效设立，避免无效担保的风险。将登记时间与付款时间挂钩，一旦付款逾期，直接影响质押设立，一个违约事件导致两个不利结果，严重影响债权人利益。

（三）投资涉及上市公司时可能是把"双刃剑"

准备上市或将被上市公司收购的项目通常被视为优质资产，投资方乐于投资，以期获取丰厚收益。这样的项目收益虽好，但若发生纠纷利益各方争夺会更激烈，甚至缠诉。上市公司除受公司法规制外，还要遵守所在交易所的一系列规则，而且上市公司作为公众公司，影响面广，审判机构也会格外谨慎。本案中保险公司在审判阶段已冻结杨某所持上市公司的股票，待判决生效后拍卖股票，想实际获得补偿款并非难事。但案涉上市公司以自己与杨某存在对赌协议，拍卖股票影响其赔偿能力，损害公众利益，杨某所持股票在限售期不能拍卖，自己应回购杨某股票等理由数次提出执行异议，阻止拍卖股票，导致原本容易变现的股票迟迟不能被拍卖，保险公司在胜诉近三年后仍未能执行到补偿款。

扩大保险资金投资范围，对保险公司、保险消费者和社会经济都有积极作用。尽职调查、资金进入、投后管理、资金退出，每个环节都需要专业人员密切配合，认真细致、周密严谨地工作，降低（或化解）风险，顺利取得投资收益。

作者系北京明裁律师事务所合伙人

燕梳思想会
Insurance Thoughts

Observation
of Insurance
Risk

伦巴第街：英国海险交易的启蒙者

范娟娟

　　伦巴第街（Lombard Street），这条曾经以伦巴第商人为主体并以此命名的商业金融街，位于主教门街（Bishops gate）和泰晤士河之间，是目前界定伦敦金融城的世界性标签，英格兰银行、各大商业银行的总行、证券交易所、劳合社，以及黄金、外汇和商品市场都集中开设于此。面积不足 2.59 平方千米的伦巴第街，不但是英国现代金融体系的发源地和象征，也是英国海上保险交易的启蒙者。14 世纪到 16 世纪 70 年代，伦巴第商人垄断了整个英国的海上保险市场，海上保险交易几乎都是在伦巴第街完成的。1558 年，伊丽莎白一世登基后，逐步限制、取缔了伦巴第商人的贸易金融特权甚至居住条件，伦巴第商人被迫撤离英国伦敦，英国海上保险交易的管理和控制权也随之从伦巴第街剥离到为对抗伦巴第商人而设立的皇家交易所，伦巴第街完成了它在英国海险发展历史中的启蒙使命，在海险市场上的风光不再。回望伦巴第街的兴衰历程，有几大因素推动它成为英国海上保险发展初期的交易核心。

一、伦巴第人对欧洲商贸和航海业的控制权是决定性因素

　　伦巴第人是对意大利北部地区居民的泛称，这个得名沿袭自公元 6 世纪的伦巴第部落。在中世纪延续了数百年的政教冲突中，特别是在神圣罗马帝国皇帝腓特烈一世（Frederick I）执政期间，为对抗腓特烈一

世的军事暴力，包括威尼斯、维罗纳、米兰、热那亚、博洛尼亚等在内的意大利北部地区在 1167 年组成了新的"伦巴第同盟"。为了争取生存发展的空间，伦巴第人背负着真金白银，开始沿着贸易路线向比利时、法国和其他欧洲大陆国家扩散，甚至跨越多佛尔海峡，闯荡到了英格兰。在长期的游历过程中，伦巴第人逐渐锻炼出了超强的适应能力和缜密的商贸思维，广泛活跃在商业领域，做起生意来头头是道，逐渐取代了犹太人对贸易的控制权，在不同国家地区都建立了自己的商业社区，成为享誉欧洲的"伦巴第商人"，也成为各个城市重要的财力来源。

城市管理者需要伦巴第人提供贷款救济；相应地，城市行政管理者则将城市税收权卖给他们，或者委托他们从通行税和入市税中提取国家税收。伦巴第人逐渐成为欧洲各个城市的中坚力量，所控制的商业行会数量多得令人吃惊，甚至逐渐控制了政治。比如，在 1278 年，"伦巴第和托斯卡纳商人联盟"的首领，来自佩鲁贾的福尔科·卡奇，甚至以罗马、热那亚、威尼斯、佛罗伦萨、锡耶纳和米兰等"商务理事"的名义，与法国国王路易九世缔结的一个条约，保障了上述城市商人在普罗旺斯的商业特权。当时英国的进出口贸易，特别是远距离大宗贸易，基本都是由伦巴第商人和汉撒同盟商人所控制的，正如英国历史学家亚历山大·坎宁安所说："汉撒商人和其他外国人，主要是意大利人，控制着（中世纪）英国的大部分海外贸易。"汉撒同盟垄断英国与波罗的海、德国北部和斯堪的纳维亚的贸易，伦巴第商人则利用自己丰富的经验和拥有的资本，推动了英国与地中海地区的贸易。

当然，伦巴第人对欧洲商贸的控制权也同当时伦巴第人强大的海运能力有关。威尼斯在十字军东征时期（1096—1291 年）所用船只的载运量就已达 500 吨，而英国在 1400 年之前所建船只还很少有超过 100 吨的，所以，直到 15 世纪中期之前，英国船舶还未曾航行至地中海区域；到 16 世纪中期，运送英格兰呢绒往波罗的海地区的船只中，1/3 都是非英国船只。中世纪的英国，主要以农牧业为主，发展着自然经济，所处的地理位置没有在海上生存的实力，几乎完全不是一个以海洋为主的国家，这样的经济现状和商贸环境自然无法培育出英格兰本土商人的海险交易市场。

海上保险是对外贸易和航海业的重要组成部分，它的发展既受这两类行业发展的影响，也会反过来对这两类行业产生影响。这种相互依存又相互制约的关系，恰恰是当时伦巴第人能控制英国海险交易市场的关键因素。可以说，伦巴第人对欧洲商贸的控制权为伦巴第街成为英国海险交易中心注入了决定性基因。

二、伦巴第人在保险领域的绝对话语权是关键技术屏障

在 16 世纪之前，没有任何迹象表明英国商人曾使用过海上保险；而伦巴第人由于同母国商人存在着密切的商业联系，在伦巴第街建立之前就已使用海上保险这种贸易辅助工具。14 世纪意大利佛罗伦萨编年史家乔瓦尼·维拉尼（Giovanni Villani），在其著作中就曾指出，海上保险创建于意大利北部并由伦巴第商人所控制。

有记载的最古老的"保险单"诞生在 1347 年，该"保险"合同目前仍保存在热那亚的国立博物馆。虽然这份合同还没有写明保险商所应该承保的风险种类，并不完全具备现代保险单的基本特征，但已经迈开了保险的第一步，开始用文字的形式记录了船东和"保险商"都必须履行保险单中所列明的权利和义务。37 年后，1384 年的隆冬，在意大利的沿海城市比萨，诞生了世界上第一份具有现代意义的保险单。这张保单由意大利比萨的一组保险人签发，承保了从法国南部阿尔兹运抵意大利比萨的四大包纺织品。在这张保单上，标明了明确的保险标的、保险责任，

如"海难事故，其中包括船舶破损、搁浅、火灾或沉没造成的损失或伤害事故"，在其他责任方面，也列明了因海盗、抛弃、捕捉、报复、突袭等所带来的船舶及货物损失的保险责任。这些内容已经与现代保险单的内容十分相似。随后，经过热那亚、佛罗伦萨、比萨等伦巴第人近一个世纪的修改，海上保险合同已经具备了符合现代法律特征的格式，如此一来，海上保险合同的订立标准就相对牢固地掌握在伦巴第人手中了。

由于海上保险的国际性很强，既要求草拟的文件用语及格式大致一样，同时又要结合不同的实际情况进行修改完善，这就需要专业的职业撰状人来草拟保险合同，而这恰恰是伦巴第人所擅长的。1393年，一个热那亚人在一天之内就草拟了80余份保险合同，可见当时伦巴第人对海上保险合同的熟知程度。

在伦巴第地区，海上保险交易市场也非常繁荣。比如在威尼斯，市政厅专门开辟了针对海上保险交易的商业街；1411年5月15日，威尼斯市政厅还专门颁布了针对海上保险交易的法律，对船只投保资格进行限制；1468年，威尼斯还筹建了一个主要由商人组成的专门法庭，以受理海上保险纠纷案件。同时，在佛罗伦萨、比萨以及比利时安特卫普和西班牙巴塞罗那也都存在规模不一的海上保险交易市场，而伦巴第人都是这些市场的主体。伦巴第人对保险条款、交易规则以及纠纷处理的熟知程度，让伦巴第人在保险领域拥有了绝对话语权。

早期所保存的英国海险合同的正文条款和签名（以及附件）都是同时以意大利文和英文拟写的。英国发现最早的海上保险单签订于1547年9月20日，该保险单被称为"布鲁克海上保险单"，大部分文字都是古意大利语。就海上保险而言，伦巴第街市场的保险合同在标准化程度上代表当时的先进水平，以至于当时欧陆上所使用的一些保险单在正文条款之后都附以注明："此保险单在效力上同伦巴第街所制作保险单的一样。"（shall be of as much force and effect as the surest writing or policy of assurance heretofore made in Lombard Street.）伦巴第人在保险领域的绝对话语权为伦巴第街控制英国海险交易市场提供了其他主体无法逾越的关键技术屏障。

三、伦巴第人对金融业务的掌控与保险业务发展相得益彰

除了对传统商贸活动的控制，伦巴第商人还从"货币鉴定人"业务出发逐渐掌控了商贸衍生出的金融业务。中世纪的欧洲，货币种类繁多，伪币开始盛行，兑换的货币需要进行专门鉴定。伦巴第商人见多识广且游历甚广，逐渐承担起了鉴定兑换货币的角色，很快又扩展到了货币兑换。他们或在店里，或就在店外的街边，摆上长椅和桌子就可以开展业务。不但在佛罗伦萨、威尼斯、热那亚，在中世纪商贸重镇布鲁日等，到处都有伦巴第商人鉴定兑换货币的身影。在布鲁日，平均每 35—40 个布鲁日市民中就有一个与伦巴第货币兑换商有过交易。据说银行"Bank"这个词就是从意大利词语"长凳"（Banco）演变而来的。

不仅仅是货币兑换，在推动欧洲早期存款业务发展的骑士团灭亡后，伦巴第商人在教皇的授意下，几乎垄断了欧洲的存款业务和外币兑换业务。除了兑换货币，需要现款的商人还可以向兑换人借款，由借款人出具期票给兑换人，按期票规定的日期归还，同时付给利息，于是伦巴第人的信贷业务也红红火火开展起来并扩展到整个欧洲大陆。1327 年，仅法国阿维尼翁就有 43 家伦巴第人设立的银行分行。伦巴第人以教皇征税代理人的身份走遍了整个欧洲，总能找恰当的机会妥善处理与主教、教士和各国王之间的关系，建立起了庞大的金融系统，而他们则是使这一系统顺畅运行下去的必不可缺的角色。

到后来，"Lombard"这个词不单是指伦巴第人，还代指放债人等

从事金融业者，同时也指银行、当铺，可见伦巴第人对金融业的掌控力。金融越发达，金融机构就会越关注风险的规避或风险损失的转移，这在一定程度上也促进了保险市场的发展。伦巴第人对金融业务的掌控权也在很大程度上促进了保险业务的发展。

四、英国王室授予的特权是伦巴第街快速发展的动力支持

中世纪时期，由于国内商业相对落后，同时为解决自身财政问题，英国王室鼓励外国商人来英贸易，从 1303 年爱德华一世（Edward I，1239—1307 年）颁布《商业宪章》授予外国商人在英贸易特权开始，英国进入了王室授予外国商人贸易自由权的密集时期。15 世纪末，当爱德华四世（Edward IV，1442 年 4 月 28 日—1483 年 4 月 9 日）的政府为了鼓励当地布业的发展而停止出口原毛时，伦巴第人的羊毛出口却不受任何此类限制。凭借多项特权，这些外国商人团体获得贸易、金融、居住垄断权或特权，伦巴第商人的经历是这段历史的典型代表。

亨利四世（1399—1413 年在位）期间，伦巴第商人得到特许，在伦敦城即今天的金融城建立住宅和商品交易场所，即伦巴第街。伦巴第街最初是一个用于商品交易的场所，是一个大型的露天广场。这个广场在每天的上午和下午两个特定时段集中进行商品交易，参与市场交易的主要是伦巴第人，还有来自欧洲大陆的商人，以及英格兰本土商人；从交易产品构成来看，除货物交易外，伦巴第街还存在着较大规模的各类信用交易和海险交易，实际上是当时伦敦的金融中心。伦巴第人拥有在伦巴第街市场上的自治管理权，英国贸易商人在伦巴第街市场进行海上保险交易时，具体操作上必须依循伦巴第街市场的交易规则：从海险交易协定过程中对于经纪人、公证人的使用，到合同条款的最终签订都处在

伦巴第街市场管理规则的影响之下。

从 14 世纪到 16 世纪中期，英国皇室对伦巴第人采用的原则之一就是"外商的到来对王国具有普遍的好处"，国王、议会甚至本土商人都认同伦巴第人在英国商贸中所发挥的各种作用，甚至被视为一种金融资产。这一观点在各种法律文件、议会的请愿书、海关卷档以及对外商的保护证书中都有表达和重申，对伦巴第街的快速发展起到了重要的助力作用。

16 世纪中期，伊丽莎白一世登基以后，逐步对在英的伦巴第商人的贸易金融特权甚至居住条件进行限制取缔。与此同时，伊丽莎白一世还通过鼓励皇家交易所的方式来挤压伦巴第商人的金融贸易空间。这些措施为逐渐崛起的英国商人所支持。在这种形势之下，自 16 世纪 70 年代起，伦巴第商人陆续离开了英国，淡出了海险交易市场。随后，英国的海险市场由英国人自己开启了新的篇章。

作者系中央财经大学政信研究院研究员